中等职业教育"十三五"规划教材

主　编　邓开旅　莫　敏
副主编　李明海　滕　祥
参　编　张驰国　黄英邦　叶棋茂
谢植辉　姚翔英　张耀东
梁志文　莫春和　劳荣荧
伦君郁

发动机原理及拆装

上海交通大学出版社
SHANGHAI JIAO TONG UNIVERSITY PRESS

内容提要

本书以轿车发动机为对象，按项目任务编排。内容主要包括发动机概述，曲柄连杆机构、配气机构、燃油供给系统、冷却系统和润滑系统、汽油发动机点火系统和起动系统的结构、原理及拆装，五菱发动机总成的拆装等。

本书可作为中等职业学校汽车运用与维修专业实训教材。

图书在版编目(CIP)数据

发动机原理及拆装/邓开旅，莫敏主编.—上海：上海交通大学出版社，2015

ISBN 978-7-313-13798-2

Ⅰ.①发… Ⅱ.①邓…②莫… Ⅲ.①汽车—发动机—理论—中等专业学校—教材②汽车—发动机—装配(机械)—中等专业学校—教材 Ⅳ.①U472.43

中国版本图书馆 CIP 数据核字(2015)第 236831 号

发动机原理及拆装

主　　编：邓开旅　莫　敏

出版发行：上海交通大学出版社　　地　　址：上海市番禺路 951 号

邮政编码：200030　　电　　话：021-64071208

出 版 人：韩建民

印　　制：常熟市文化印刷有限公司　　经　　销：全国新华书店

开　　本：787mm×1092mm　1/16　　印　　张：10.5

字　　数：237 千字

版　　次：2015 年 10 月第 1 版　　印　　次：2015 年 10 月第 1 次印刷

书　　号：ISBN 978-7-313-13798-2/U

定　　价：32.00 元

前 言

随着我国中等职业教育的不断探索和改革创新,技能培训已经成为中职教育的真正核心。中等职业学校的教学不但要基于课程理论的讲授而展开,而且要结合实训内容,真正做到"理实一体化"的全方位教学。这不仅是就业市场的需求,也应是职教办学理念的回归。

本教材的课程开发理念是采用项目教学法,忠实贯彻了"理实一体化"的教学方针,它最显著的特点就是"以项目为主线、教师为引导、学生为主体"的实践教学模式,把以往学生"听中学"的"被动填鸭教学"改变为学生"做中学"的主动教学模式;实现了"三个中心"的转变:把"以教师为中心"转变为"以学生为中心",把"以课本知识点为中心"转变为"以项目需求为中心",把"以课堂为中心"转变为"以项目实践为中心"。

本教材以任务突出重点,主题鲜明。广泛使用图表归纳法,用简洁的图表归纳整理,以解决日益庞大且晦涩难懂的知识内容与学时偏少之间的矛盾。

本书分为7个项目,包含认识发动机、曲柄连杆机构、配气机构、燃油供给系统、冷却系统和润滑系统、汽油机点火系统和起动系统、发动机总成的拆装,内容精炼,图文并茂,直观清晰、便于自学,使读者能够迅速掌握汽车发动机原理及拆装要领和技术,养成规范的操作习惯和良好的职业素养。

由于编者水平有限,书中存在的不完善之处,恳请读者批评指正。

目　录

项目一　认识发动机

项目二　曲柄连杆机构

项目三　配气机构

项目四　燃油供给系统

项目五　冷却系统和润滑系统

项目六　汽油发动机点火系统和起动系统

项目七　发动机总成的拆装

项目一

认识发动机

【导航】

发动机是汽车的心脏，为汽车行驶提供动力，影响着汽车的动力性、经济性和环保性。这是一个富于创造的时代，发动机的设计者们，不断地将最新科技与发动机融为一体，把发动机变成一个复杂的机电一体化产品，使发动机性能达到近乎完善的程度。各世界著名汽车厂商也将发动机的性能作为竞争亮点，现在的汽车发动机不仅注重汽车动力方面的性能，更加注重能源消耗、尾气排放等与环境保护相关的方面，从而使人们在悠闲享受汽车文化的同时，也能保护环境，节约资源。

发动机(Engine)，又称为引擎，是一种能把其他形式的能量转化为机械能的汽车能量转换装置。汽油机发动机一般是由“两大机构、五大系统”组成，即曲柄连杆机构、配气机构、燃料供给系统、起动系统、冷却系统、润滑系统和点火系统。学习发动机的分类、基本术语、工作原理、总体构造、安全注意事项及发动机拆装常用工具等内容，可以为后续的项目操作打下良好的基础。

【计划】

(1) 了解发动机的分类。

(2) 掌握发动机的基本术语。

(3) 掌握发动机的总体构造及工作原理。

(4) 掌握安全生产的注意事项及发动机拆装常用的工具。

任务一　汽车发动机的分类

【任务理论】

1. 按使用燃料分类

根据所用燃料的种类，汽车发动机可分为三类：液体燃料发动机，主要有汽油发动机、柴油发动机和醇类燃料发动机（见图1-1-1～图1-1-3）；气体燃料发动机，主要有压缩天然气（CNG）发动机、液化石油气（LPG）发动机和液化天然气（LNG）发动机（见图1-1-4～图1-1-6）；液-气双燃料发动机（见图1-1-7）。

图1-1-1　AMG-GT汽油发动机

图1-1-2　BMW550d柴油发动机

图1-1-3　醇类燃料发动机

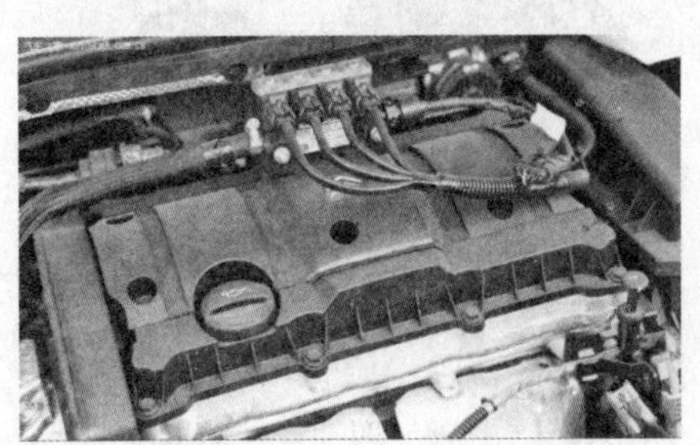

图1-1-4　CNG发动机

图 1-1-5　LPG 发动机

图 1-1-6　装配 LNG 发动机

图 1-1-7　双燃料发动机

2. 按照冲程分类

发动机按其在一个工作循环期间活塞往复运动的冲程数进行分类，可分为四冲程发动机和二冲程发动机。

活塞式内燃机每完成一个工作循环，便对外做功一次，只有不断地完成工作循环，才使热能连续地转变为机械能。在一个工作循环中活塞往复四个冲程的发动机机称为四冲程发动机(见图 1-1-8)。活塞往复两个冲程便完成一个工作循环的则称为二冲程发动机(见图 1-1-9)。

图 1-1-8　四冲程发动机

图 1-1-9　二冲程发动机

3. 按照汽缸数目分类

现代车用发动机多采用三缸以上的发动机，如图 1-1-10～图 1-1-17 所示。

图 1-1-10　福特三缸发动机

图 1-1-11　马自达四缸发动机

图 1-1-12　沃尔沃五缸发动机

图 1-1-13　日产六缸发动机

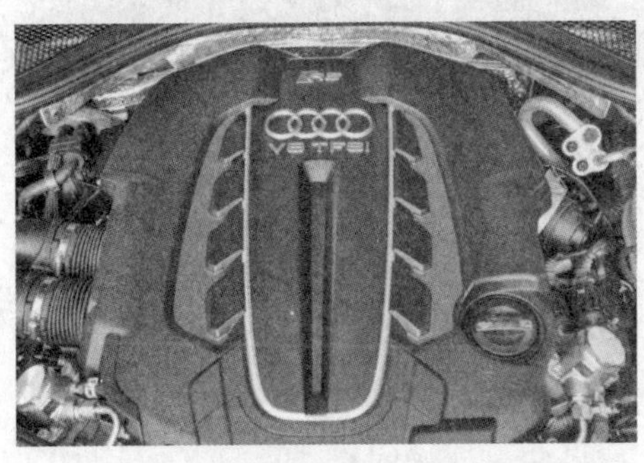

图 1-1-14　奥迪 RS7 八缸发动机

图 1-1-15　奥迪 R8 十缸发动机

图 1-1-16　巴博斯改装十二缸发动机

图 1-1-17　布加迪威龙十六缸发动机

4. 按照汽缸排列形式分类

按发动机汽缸的布置方式,汽车发动机有直列式(见图1-1-18)、V形(见图1-1-19)、W形(见图1-1-20)以及对置式(见图1-1-21)四种常见形式。

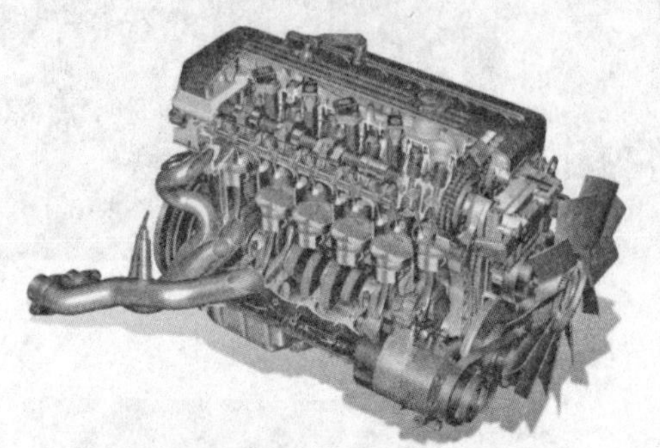

图1-1-18 直列式发动机

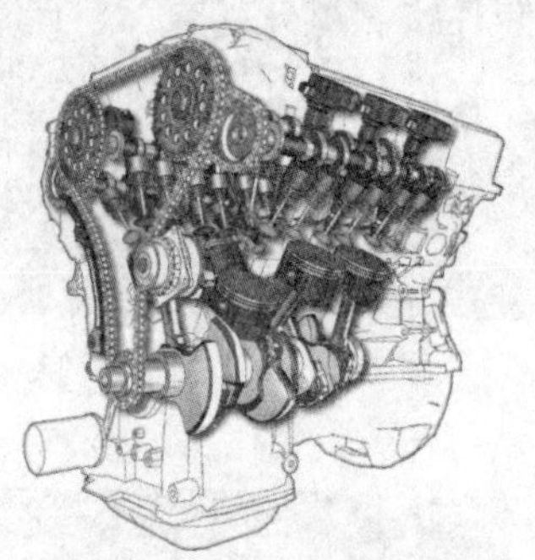

图1-1-19 V形发动机

图1-1-20 W形发动机

图1-1-21 水平对置发动机

5. 按照进气方式分类

按进气方式不同,发动机分为自然吸气式、涡轮增压式和机械增压式(见图1-1-22～图1-1-24)。

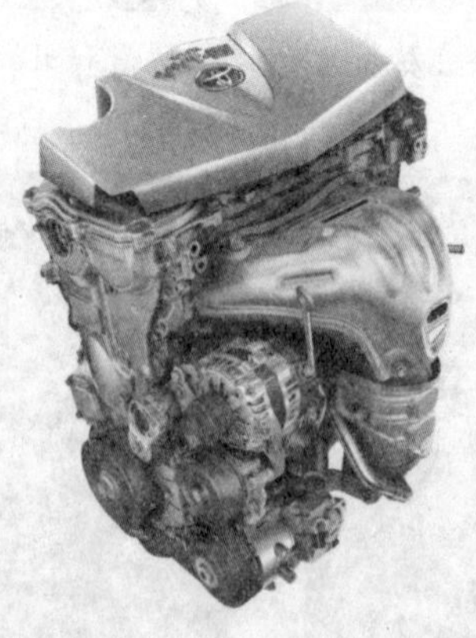

图1-1-22 凯美瑞2.0L自然吸气发动机

图 1 - 1 - 23　奔驰 AMG M133 涡轮增压发动机

图 1 - 1 - 24　奥迪 S5 3.0 L 机械增压发动机

6. 按照活塞的工作方式分类

按照活塞的工作方式不同,发动机可以分为往复活塞式和转子式(见图 1 - 1 - 25、图 1 - 1 - 26)。

图 1 - 1 - 25　往复活塞式发动机

图 1 - 1 - 26　转子式发动机

7. 按照供油方式分类

按照供油方式不同,发动机可以分为电喷发动机和直喷发动机(见图 1 - 1 - 27、图 1 - 1 - 28)。

图 1 - 1 - 27　日产奇骏 2.5 L 多点电喷发动机

图 1 - 1 - 28　别克 2.0 T 直喷发动机

【任务检查】

1. 发动机根据所用燃料的种类,可分为哪几种发动机?
2. 发动机按冲程分类可分为哪几种发动机？各有什么特点?

【任务评估】

学习内容	评价标准			
	了解	掌握	可指导操作	可独立操作
发动机分类				

任务二　发动机基本术语

【任务理论】

1. 工作循环

活塞式内燃机的工作循环是由进气、压缩、做功和排气四个工作过程组成的封闭过程(见图 1-2-1)。周而复始地进行这些过程,内燃机才能持续地做功。

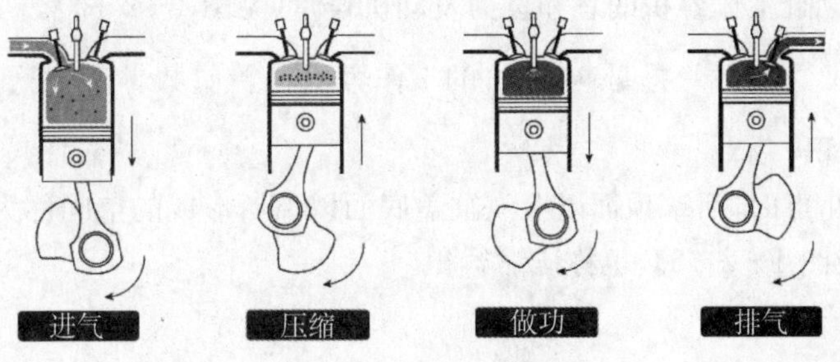

图 1-2-1　工作循环

2. 上、下止点

活塞顶离曲轴回转中心最远处为上止点;活塞顶离曲轴回转中心最近处为下止点(见图 1-2-2)。在上、下止点处,活塞的运动速度为零。

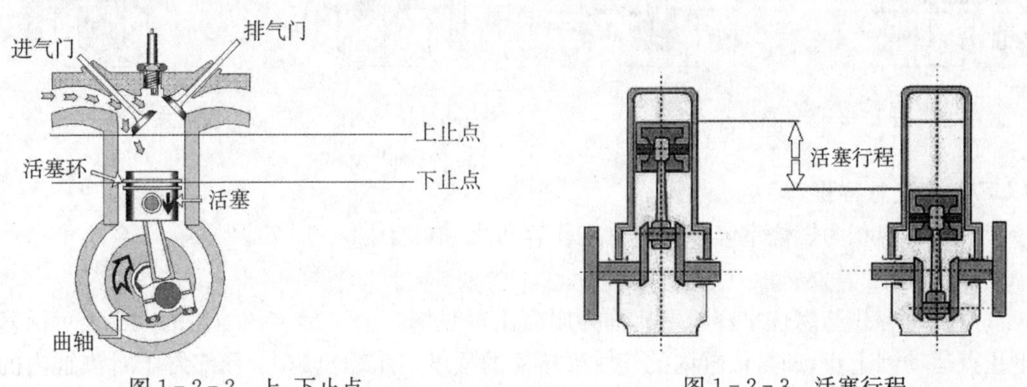

图 1-2-2　上、下止点

图 1-2-3　活塞行程

3. 活塞行程

上、下止点间的距离 S 称为活塞行程,曲轴的回转半径 R 称为曲柄半径(见图 1-2-3)。

显然，曲轴每回转一周，活塞移动两个行程。对于汽缸中心线通过曲轴回转中心的内燃机，$S=2R$。

4. 汽缸工作容积

上、下止点间所包含的汽缸容积称为汽缸工作容积(见图 1-2-4)。

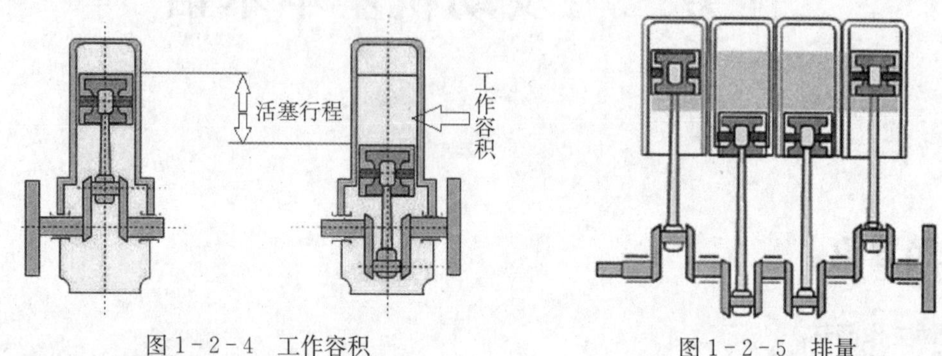

图 1-2-4 工作容积　　图 1-2-5 排量

5. 发动机排量

发动机所有汽缸工作容积的总和称为发动机排量(见图 1-2-5)。

排量 = 每缸的工作容积 × 汽缸数

6. 燃烧室容积

活塞位于上止点时，活塞顶面以上汽缸盖底面以下所形成的空间称为燃烧室，其容积称为燃烧室容积(见图 1-2-6)，也称压缩容积。

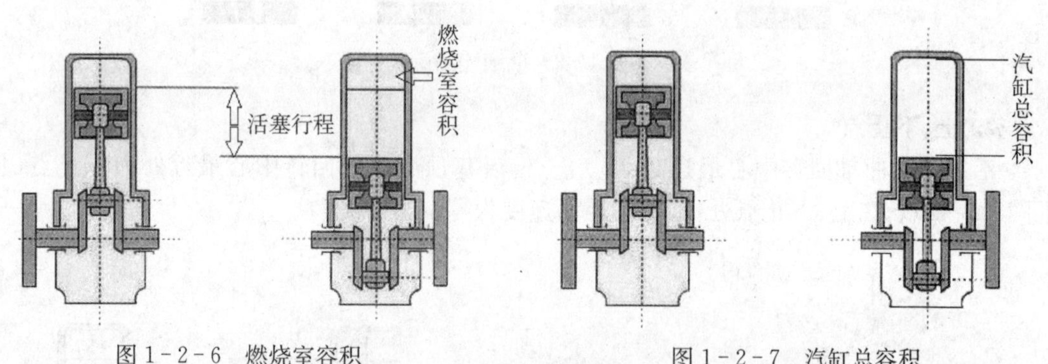

图 1-2-6 燃烧室容积　　图 1-2-7 汽缸总容积

7. 汽缸总容积

汽缸总容积为燃烧室容积与汽缸工作容积之和(见图 1-2-7)。

8. 压缩比

汽缸总容积与燃烧室容积之比称为压缩比 ε(见图 1-2-8)。压缩比的大小表示活塞由下止点运动到上止点时，汽缸内的气体被压缩的程度。压缩比越大，压缩终了时汽缸内的气体压力就越大、温度就越高。

压缩比大的发动机，燃烧更迅速更充分，发出的功率越大，经济性也更好。但压缩比越大，通常发动机工作时抖振也会越大，出现“爆燃”和“表面点火”等不正常燃烧现象的可能性

压缩比 = 汽缸总容积∶燃烧室容积 ≫ 1

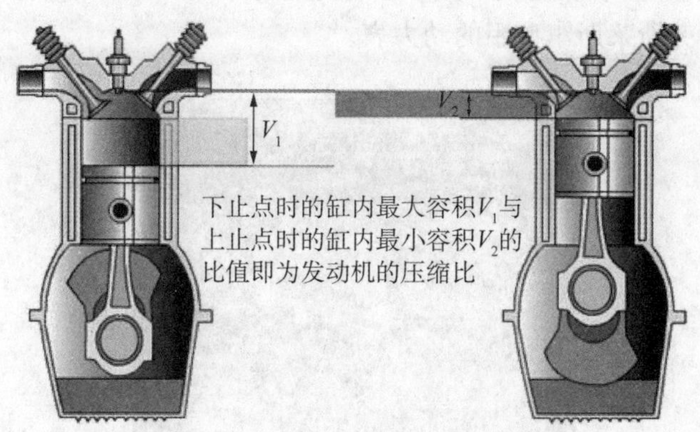

图 1-2-8　压缩比

增大。汽车的汽油发动机压缩比是 8∶1～11∶1，柴油发动机压缩比是 18∶1～23∶1，而采用创驰蓝天技术的马自达阿特兹轿车 2.5 升汽油发动机的压缩比高达 13∶1。

9. 空燃比

空燃比表示空气和燃料的混合比，是发动机运转时的一个重要参数，它对尾气排放、发动机的动力性和经济性都有很大的影响。

10. 理论空燃比

理论空燃比是指将燃料完全燃烧所需要的最少空气量和燃料量之比。燃料的组成成分对理论空燃比的影响不大，汽油的理论空燃比大体约为 14.7，也就是说，燃烧 1 g 汽油需要 14.7 g的空气。一般常说的汽油发动机内的混合气过浓或过稀，其标准就是理论空燃比。空燃比小于理论空燃比时，混合气中的汽油含量高，称为过浓；空燃比大于理论空燃比时，混合气中的空气含量高，称为过稀。

11. 最大功率

最大功率用马力(PS)或千瓦(kW)表示。发动机的输出功率同转速是相关的，一般来说，随着转速的增加，发动机的功率也增加，但是到了一定转速后，功率反而呈下降趋势。布加迪威龙马力表如图 1-2-9 所示。

图 1-2-9　布加迪威龙拥有独特的马力表

12. 最大扭矩

发动机从曲轴端输出的扭矩，单位为 N·m。最大扭矩一般出现在发动机中转速的范围，随着转速的提高扭矩反而下降。最大扭矩决定着车的提速性能，特别是低速时的加速性。图 1-2-10 为劳斯莱斯车型用的动力表。

图 1-2-10　劳斯莱斯车型用动力表

【任务检查】

1. 发动机燃烧室的定义是什么？
2. 发动机排量如何计算？

【任务评估】

序号	学习内容	评价标准			
		了解	掌握	可指导操作	可独立操作
1	工作循环				
2	上、下止点				
3	活塞行程				
4	汽缸工作容积				
5	发动机排量				
6	燃烧室容积				
7	汽缸总容积				
8	压缩比				
9	空燃比				
10	理论空燃比				
11	最大功率				
12	最大扭矩				

任务三　发动机的工作原理

【任务理论】

1. 四冲程汽油发动机工作原理

图 1-3-1 为汽油发动机工作剖面图。

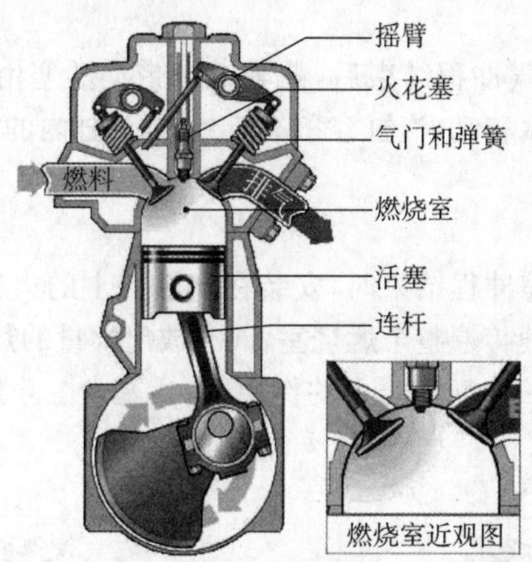

图 1-3-1　汽油发动机工作剖面图

如图 1-3-2 所示，四冲程往复活塞式内燃机在四个活塞冲程内完成进气、压缩、做功和排气四个冲程，即在一个活塞冲程内只进行一个冲程。因此，活塞冲程可分别用四个冲程命名。

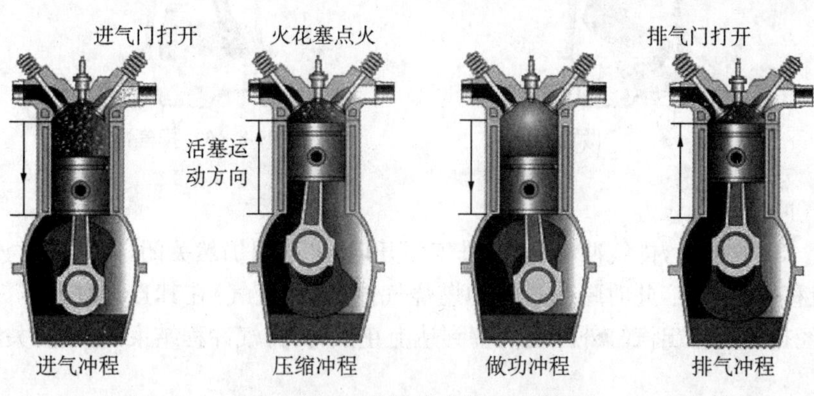

图 1-3-2　汽油发动机工作原理

1）进气冲程

如图 1－3－3 所示，活塞在曲轴的带动下由上止点移至下止点。此时排气门关闭，进气门开启。在活塞移动过程中，汽缸容积逐渐增大，汽缸内形成一定的真空度。空气和汽油的混合物通过进气门被吸入汽缸，并在汽缸内进一步混合形成可燃混合气。

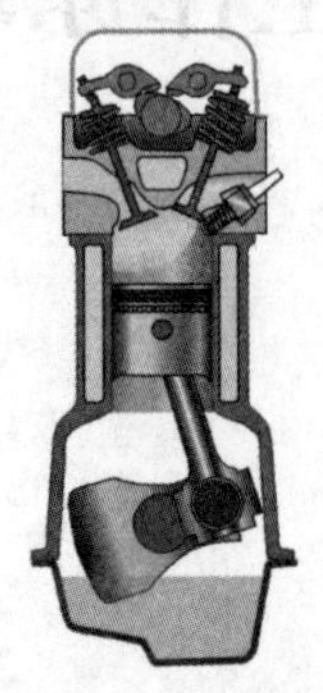

图 1－3－3　进气冲程

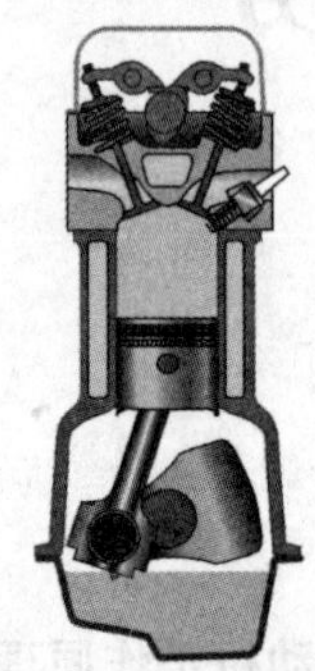

图 1－3－4　压缩冲程

2）压缩冲程

如图 1－3－4 所示，进气冲程结束后，曲轴继续带动活塞由下止点移至上止点，这时，进、排气门均关闭。随着活塞移动，汽缸容积不断减小，汽缸内的混合气被压缩，其压力和温度同时升高。

3）做功冲程

如图 1－3－5 所示，压缩冲程结束时，安装在汽缸盖上的火花塞产生电火花，将汽缸内的可燃混合气点燃，火焰迅速传遍整个燃烧室，同时放出大量的热能。燃烧气体的体积急剧膨胀，压力和温度迅速升高。在气体压力的作用下，活塞由上止点移至下止点，并通过连杆推动曲轴旋转做功。

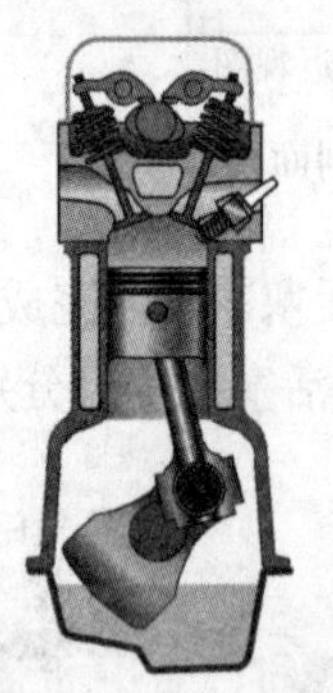

图 1－3－5　做功冲程

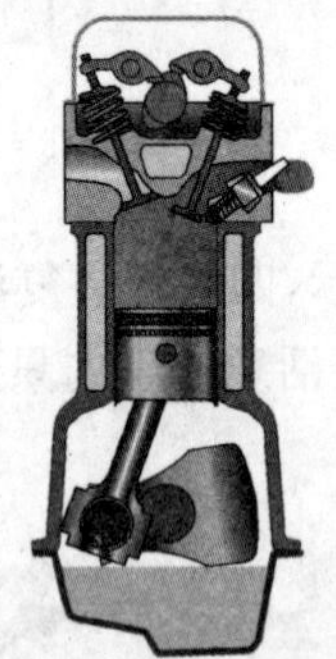

图 1－3－6　排气冲程

4）排气冲程

如图 1－3－6 所示，排气冲程开始，排气门开启，进气门仍然关闭，曲轴通过连杆带动活塞由下止点移至上止点，此时膨胀过后的燃烧气体（也称废气）在其自身剩余压力和在活塞的推动下，经排气门排出汽缸外。当活塞到达上止点时，排气冲程结束，排气门关闭。

【任务检查】

简述汽油发动机的工作原理。

【任务评估】

学习内容	评价标准			
	了解	掌握	可指导操作	可独立操作
四冲程汽油发动机工作原理				

任务四　发动机的总体构造

【任务理论】

发动机是汽车的动力源，是给汽车提供动力的部件，是汽车的核心总成。它先将燃料燃烧，使燃料的化学能转化成热能，最终转变为机械能并输出。目前汽车广泛使用的是往复式四冲程内燃式发动机。发动机的总体构造如图 1-4-1 所示。

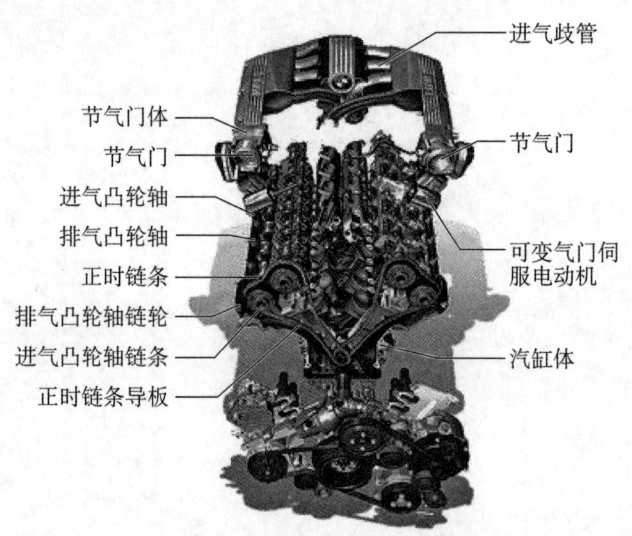

图 1-4-1　发动机总体构造

发动机是一种由许多机构和系统组成的复杂机器。无论是汽油发动机，还是柴油发动机；无论是四冲程发动机，还是二冲程发动机；无论是单缸发动机，还是多缸发动机，要完成能量转换，实现工作循环，保证长时间连续正常工作，都必须具备以下一些机构和系统。

汽油发动机由两大机构和五大系统组成，即曲柄连杆机构、配气机构、燃料供给系统、冷却系统、润滑系统、点火系统和起动系统。

柴油发动机由两大机构和四大系统组成，即曲柄连杆机构、配气机构、燃料供给系统、冷却系统、润滑系统和起动系统。

1. 曲柄连杆机构

曲柄连杆机构是发动机实现工作循环、完成能量转换的主要运动零件。它由机体组、活塞连杆组、曲轴飞轮组等组成(见图 1-4-2)。

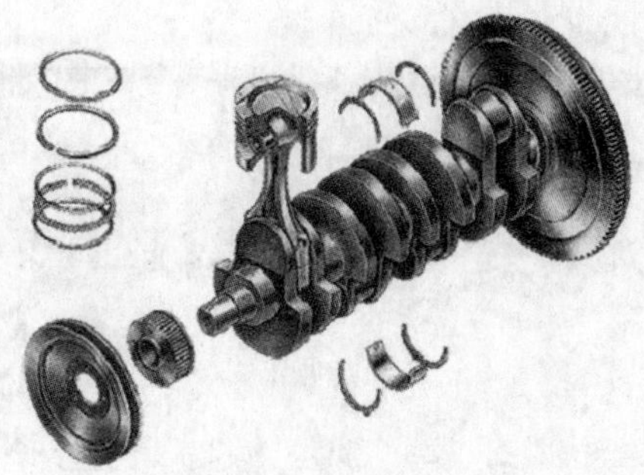
图 1-4-2　曲柄连杆机构

2. 配气机构

配气机构的功用是根据发动机的工作顺序和工作过程,定时开启和关闭进气门和排气门,使可燃混合气或空气进入汽缸,并使废气从汽缸内排出,实现换气过程。配气机构一般由气门组、气门传动组、气门驱动组等组成(见图 1-4-3)。

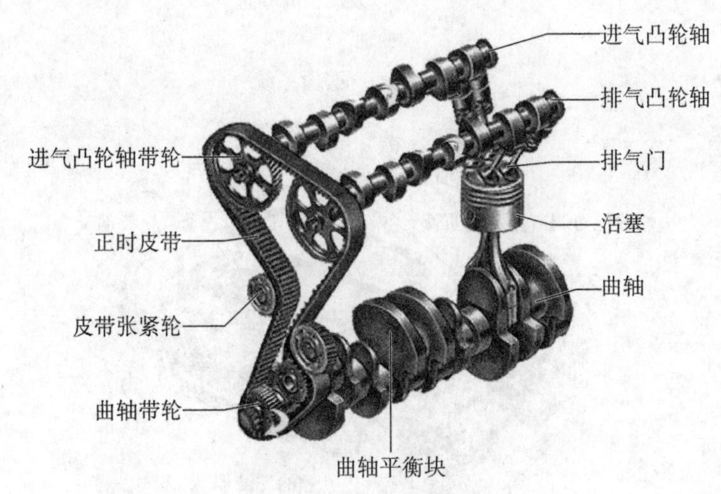

图 1-4-3　配气机构

3. 冷却系统

冷却系统的功用是将受热零件吸收的部分热量及时散发出去,保证发动机在最适宜的温度状态下工作。水冷发动机的冷却系统通常由冷却水套、水泵、风扇、水箱、节温器等组成(见图 1-4-4)。

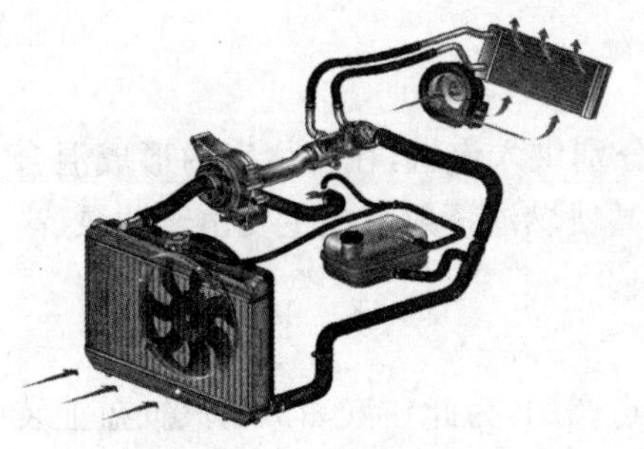
图 1-4-4　冷却系统

4. 润滑系统

润滑系统的功用是向作相对运动的零件表面输送定量的清洁润滑油,以实现液体摩擦,减小摩擦阻力,减轻机件磨损,并对零件表面进行清洗和冷却。润滑系统通常由润滑油道、机油泵、机油滤清器和一些阀门等组成(见图 1-4-5)。

5. 燃料供给系统

汽油发动机燃料供给系统的功用是根据发动机的要求,配制出一定体积和浓度的混合气,供入汽缸,并将燃烧后的废气从汽缸内排出到大气中去。电喷汽油发动机的燃油系统主要由油箱、电动汽油泵、燃油滤清器、燃油压力调节器、喷油器等组成(见图 1-4-6)。

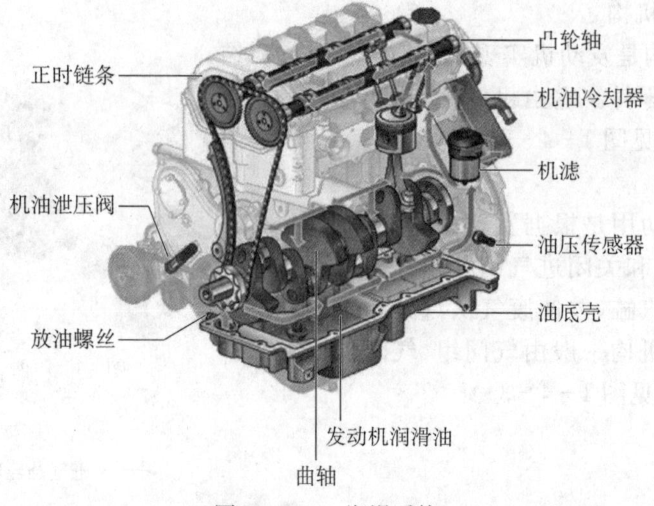

图 1-4-5　润滑系统

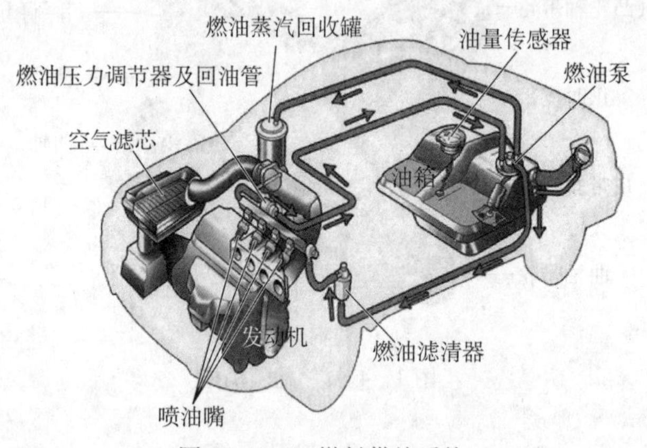

图 1-4-6　燃料供给系统

柴油发动机燃料供给系统的功用是把柴油和空气分别供入汽缸，在燃烧室内形成混合气并燃烧，最后将燃烧后的废气排出。柴油发动机电控共轨燃油喷射系统主要由输油泵、高压供油泵、油轨、喷油阀、燃油压力传感器、限压阀等组成。

6. 点火系统

在汽油发动机中，汽缸内的可燃混合气是靠电火花点燃的，为此在汽油机的汽缸盖上装有火花塞，火花塞头部可伸入燃烧室内。能够按时在火花塞电极间产生电火花的全部设备称为点火系统。点火系统通常由蓄电池、发电机、点火线圈和火花塞等组成(见图 1-4-7)。

7. 起动系统

要使发动机由静止状态过渡到工作状态，必须先用外力转动发动机的曲轴，使活塞作往复运动。汽缸内的可燃混合气燃烧膨胀做功，推动活塞向下运动使曲轴旋转，发动机才能自行运转，工作循环才能自动进行。曲轴在外力作用下开始转动到发动机开始自动怠速运转的全过程，称为发动机的起动。完成起动过程所需的装置，称为发动机的起动系统，一般由起动机、电磁开关、起动开关等组成(见图 1-4-8)。

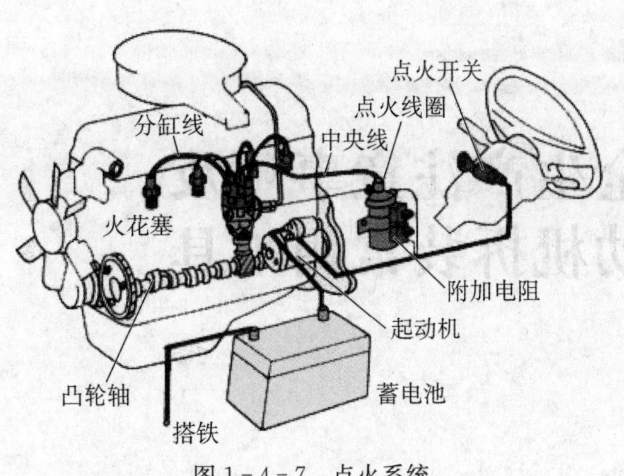

图 1-4-7　点火系统

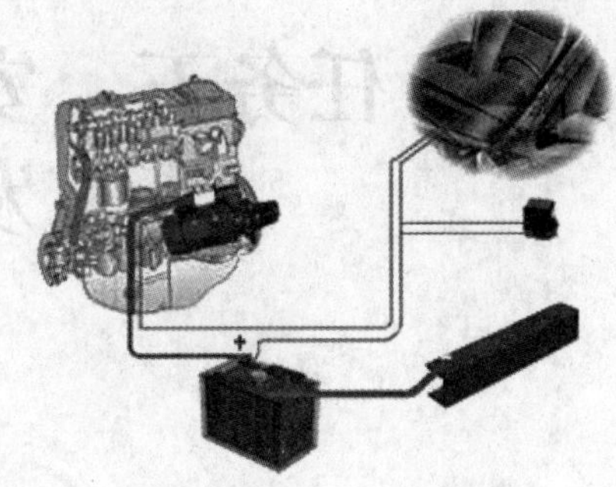

图 1-4-8　起动系统

【任务检查】

1. 汽油发动机由哪些机构和系统组成?
2. 简述润滑系统的功用。

【任务评估】

学习内容	评价标准			
	了解	掌握	可指导操作	可独立操作
发动机的总体构造				

任务五　安全生产注意事项及发动机拆装常用工具

【任务理论】

1. 安全生产注意事项

1）个人安全

（1）眼睛的防护。

在汽车维修作业中，眼睛经常会受到各种伤害，如飞来的物体、腐蚀性的化学飞溅物、有毒的气体或烟雾等，这些伤害几乎都是可以防护的。

常见的保护眼睛的装备是护目镜和面罩。护目镜可以防护各种对眼睛的伤害，如飞来物体或飞溅的液体。在下列情况下，应考虑佩戴护目镜：进行金属切削加工、用錾子或冲子铲剔、使用压缩空气、使用清洗剂等。面罩不仅能够保护眼睛，还能保护整个面部。如果进行电弧焊或气焊，要使用带有色镜片的护目镜或深色镜片的特殊面罩，以防止有害光线或过强的光线伤害眼睛。

注意：在摘下护目镜时，要闭上眼睛，防止粘在护目镜外的金属颗粒掉进眼睛里。

（2）听觉的保护。

汽车修理厂是个噪声很大的场所，各种设备如冲击扳手、空气压缩机、砂轮机、发动机等噪声都很大。短时的高噪声会造成暂时性听力丧失，但持续的较低噪声则更有害。

常见的听力保护装备有耳罩和耳塞，噪声极高时可同时佩戴。一般在钣金车间必须佩戴耳罩或耳塞。

（3）手的保护。

手是身体经常受伤的部位之一，汽车维修时，保护手要从两方面着手：一是不要把手伸到危险区域，如发动机前部转动的传动带区域、发动机排气管道附近等；二是必要时应戴上防护手套，不同的场合需用不同的防护手套，金属加工用劳保安全手套，接触化学品用橡胶手套。

（4）衣服、头发及饰物。

宽松的衣服、长袖子、领带都容易卷进旋转的机器中，所以在修理厂中，首先一定要穿合体的工作服，最好是连体工作服，外套、工装裤也可以，这些工作服比平时衣着安全很多。如果戴领带则要把它塞到衬衫里。

工作时不要戴手表或其他饰物，特别是金属饰物，在进行电气维修时可能会导入电流而烧伤皮肤，或导致电路短路而损坏电子元件或设备。

在工厂内要穿劳保鞋，可以保护脚面不被落下的重物砸伤，且劳保鞋的鞋底是防油、防滑的。

长发很容易被卷入运转的机器中，所以长发一定要扎起来，并戴上帽子。

2）工具和设备的安全使用

（1）手动工具的安全使用。

手动工具看起来是安全的，但使用不当也会导致事故，如用一字旋具代替撬棍，会导致旋具崩裂、损坏；飞溅物会打伤自己或他人；扳手从油腻的手中滑落，掉到旋转的元件上，再飞出来伤人等。另外使用带锐边的工具时，锐边不要对着自己或其他同事。传递工具时要将手柄朝向对方。

（2）动力工具的安全使用。

所有的电气设备都要使用三相插座，地线要安全接地，电缆装配松动应及时维护；所有旋转的设备都应有安全罩，以免部件飞出伤人。

在进行电子系统维修时，应断开电路电源，方法是断开蓄电池的负极搭铁线，这样不仅可以保护人身安全，还能防止对电器的损坏。

许多维修工序需要将车辆升离地面，在升起车辆前应确保汽车已被正确支撑，并应使用安全锁以免汽车落下。用千斤顶支起汽车时应当确保千斤顶支撑在汽车底盘大梁部位或较结实的部位。

注意：升起汽车时要先看维修手册，找到正确的支撑点，错误的支撑点不仅危险，而且会破坏汽车的结构。所用的工具和设备都要定期检查和保养。

（3）压缩空气的安全使用。

使用压缩空气时，应非常小心，不要将压缩空气对着自己或别人，不要对着地面或设备、车辆乱吹。压缩空气可以撕裂耳鼓膜，造成失聪；可以损伤肺部或伤及皮肤；被压缩空气吹起的尘土或金属颗粒可以造成皮肤、眼睛的损伤。

3）日常安全守则

（1）工具不使用时应保持干净并放到正确的位置。

（2）各种设备和工具要及时检查和保养。

（3）手上应避免油污，防止工具滑脱。

（4）起动发动机的车辆应保证驻车制动正常。

（5）不要在车间内乱转。

（6）在车间内起动发动机要保持通风良好。

（7）在车间内穿戴、着装要合适，并佩戴必要的安全防护装备，如手套、护目镜、耳塞等。

（8）不要将压缩空气对着人或设备吹。

（9）尖锐的工具不要放到口袋里，以免扎伤自己或划伤车辆。

（10）常用通道上不要放工具、设备、车辆等。

（11）用正确的方法使用正确的工具。

（12）手、衣服、工具应远离旋转设备或部件。

（13）开车进出车间时要格外小心。

（14）在极疲劳或消沉时不要工作，这种情况下会降低注意力，有可能会导致自身或他人的伤害。

(15) 如果不知道车间设备如何使用,应先向老师傅或其他明白的人请教,以学会正确、安全的使用方法。

(16) 用举升器或千斤顶升起车辆时一定要按正确的规程操作。

(17) 应知道车间灭火器、医疗急救包、洗眼处的位置。

2. 发动机拆装常用工具

1) 扳手

扳手用以紧固或拆卸带有棱边的螺母和螺栓,常用的扳手有开口扳手、梅花扳手、套筒扳手、活动扳手、管子扳手等。

(1) 开口扳手。

① 结构与功用:开口扳手是最常见的一种扳手,又称呆扳手,如图 1-5-1 所示。其开口的中心平面和本体中心平面成 15°,这样既能适应人手的操作方向,又可降低对操作空间的要求。其规格是以两端开口的宽度 S(mm)来表示的,如 8、10、12、14 等;通常是成套装备,有八件一套、十件一套等;通常用 45 号或 50 号钢锻造,并经过热处理。

开口扳手的特点是使用方便,对标准规格的螺栓螺母均可使用。

② 使用要求:

a. 使用时应选用合适的开口扳手,大拇指抵住扳头,另四指握紧扳手柄部往身边拉扳,切不可向外推扳,以免将手碰伤。

b. 扳转时不准在开口扳手上任意加套管或锤击,以免损坏扳手或损伤螺栓螺母。

c. 禁止使用开口处磨损过甚的开口扳手,以免损坏螺栓螺母的六角。

d. 不能将开口扳手当撬棒使用。

e. 禁止用水或酸、碱液清洗扳手,应用煤油或柴油清洗后再涂上一层薄薄的润滑脂。

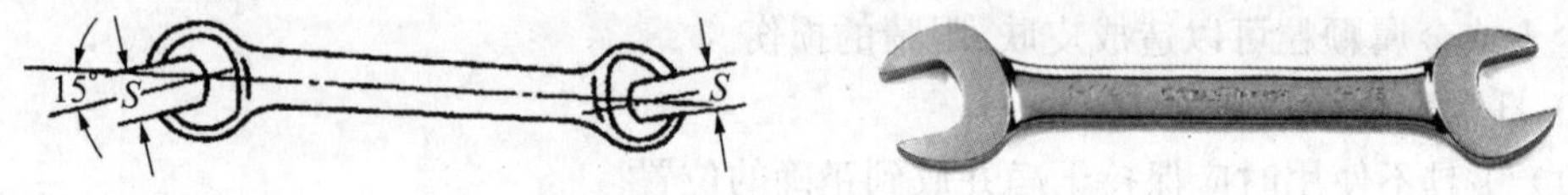

图 1-5-1 开口扳手

(2) 梅花扳手。

① 结构与功用:梅花扳手同开口扳手的用途相似。其两端是花环式的,孔壁一般是 12 边形,可将螺栓和螺母头部套住,适应性强,扭转力矩大,工作可靠,不易滑脱,携带方便,适用于拆装所处空间狭小的螺栓螺母。对标准规格的螺栓螺母均可使用梅花扳手拆装,特别是螺栓螺母需用较大力矩拆装时,应使用梅花扳手,如图 1-5-2 所示。与开口扳手相比,梅花扳手强度高,使用时不易滑脱,但套上、取下不方便。其规格以闭口尺寸 S(mm)来表示,如 8、10、12、14 等;通常是成套装备,有八件一套、十件一套等;通常用 45 号钢或 40Cr 锻造,并经过热处理。

② 使用要求:

a. 使用时,应选用合适的梅花扳手,轻力扳转时,手势与开口扳手相同;重力扳转时,四指与拇指应上下握紧扳手手柄,往身边扳转。

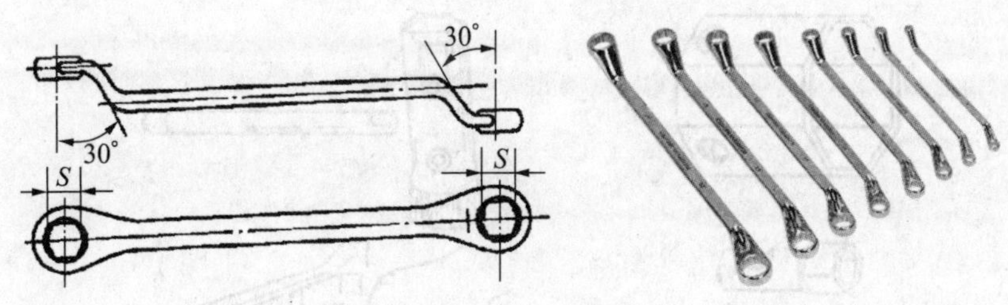

图 1-5-2　梅花扳手

b. 扳转时，不准在梅花扳手上任意加套管或锤击。

c. 禁止使用内孔磨损过甚的梅花扳手。

d. 不能将梅花扳手当撬棒使用。

(3) 套筒扳手。

① 结构与功用：套筒扳手的材料、环孔形状与梅花扳手相同，适用于拆装位置狭窄或需要一定扭矩的螺栓或螺母，如图 1-5-3 所示。套筒扳手主要由套筒头、滑头手柄、棘轮手柄、快速摇柄、接头和接杆等组成，各种手柄适用于各种不同的场合，以操作方便或提高效率为原则，常用套筒扳手的规格是 10～32 mm。在汽车维修中还采用了许多专用套筒扳手，如火花塞套筒(见图 1-5-4)、轮毂套筒、轮胎螺母套筒等。

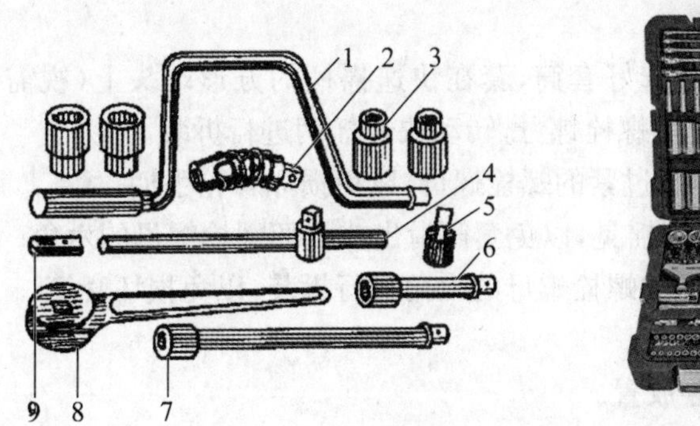

图 1-5-3　套筒扳手

1—快速摇柄；2—万向接头；3—套筒头；4—滑头手柄；5—旋具接头；
6—短接杆；7—长接杆；8—棘轮手柄；9—直接杆

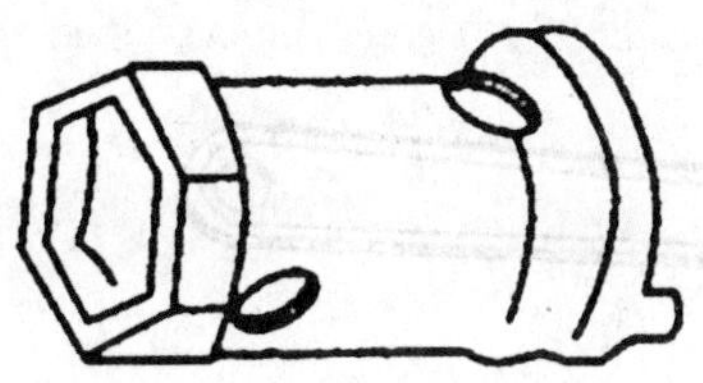

叉形凸缘及转向螺母套筒扳手

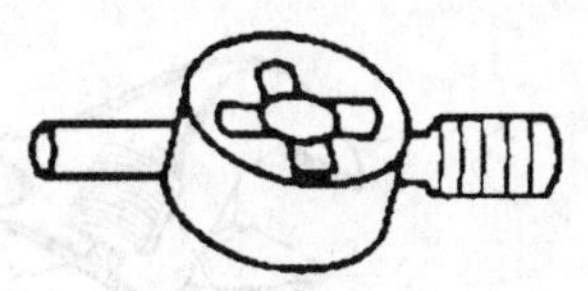

气门芯扳手

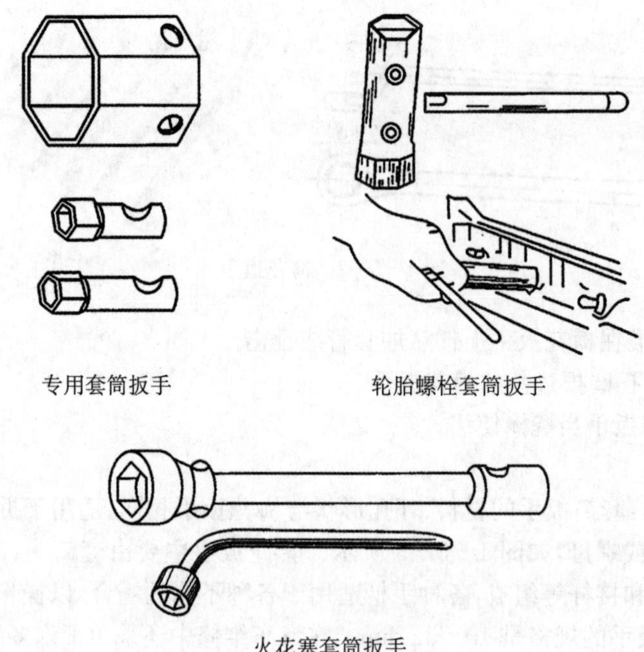

图 1-5-4　专用套筒扳手

② 使用要求：

a. 使用时根据螺栓螺母的尺寸选好套筒，套在快速摇柄的方形端头上（视需要与长接杆或短接杆配合使用），再将套筒套住螺栓螺母，转动快速摇柄进行拆装。

b. 用棘轮手柄扳转时，不准拆装过紧的螺栓螺母，以免损坏棘轮手柄。

c. 拆装时，握快速摇柄的手切勿摇晃，以免套筒滑出或损坏螺栓螺母的六角。

d. 禁止用锤子将套筒击入变形的螺栓螺母的六角进行拆装，以免损坏套筒。

e. 禁止使用内孔磨损过甚的套筒。

f. 工具用毕，应清洗油污，妥善放置。

(4) 活动扳手。

① 结构与功用：其开口尺寸能在一定的范围内任意调整，活动扳手一般用于不同尺寸的螺栓螺母的拆装，但活动扳手操作起来不太灵活，如图 1-5-5 所示。其规格是以最大开口宽度(mm)来表示的，常用的有 150 mm、300 mm 等，通常是由碳素钢(T)或铬钢(Cr)制成的。

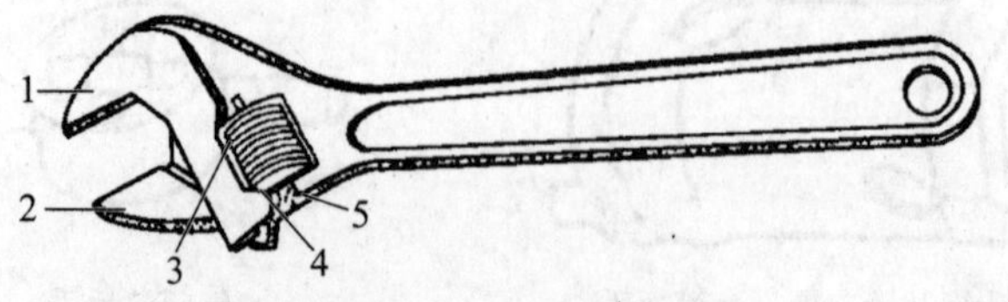

图 1-5-5　活动扳手

1—扳手体；2—活动扳口；3—蜗轮；4—蜗杆；5—蜗杆轴

② 使用要求：

a. 使用活动扳手时，应根据螺栓螺母的尺寸先调好活动扳手的开口，使之与螺栓螺母的六角一致。

b. 扳转时，应使固定部分承受拉力，以免损坏活动部分。

c. 扳转时，不准在活动扳手的手柄上随意加套管或锤击。

d. 禁止将活动扳手当锤子使用。

(5) 扭力扳手。

① 结构与功用：扭力扳手是一种可读出所施扭矩大小的专用工具，如图 1-5-6 所示。其规格是以最大可测扭矩来划分的，常用的有 294 N·m、490 N·m 两种。一般用于有规定拧紧力矩的螺栓螺母的拆装，如缸盖、曲轴主轴承盖、连杆盖等部位螺栓螺母的拆装。扭力扳手除用来控制螺纹件旋紧力矩外，还可以用来测量旋转件的起动转矩，以检查配合、装配情况。

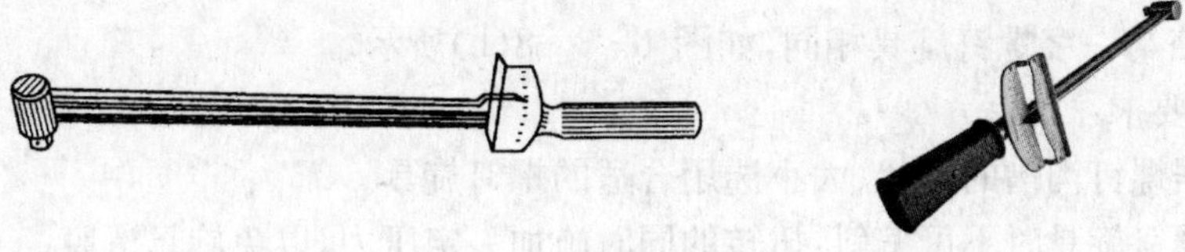

图 1-5-6　扭力扳手

② 使用要求：

a. 拆装时用左手把住套筒，右手握紧扭力扳手手柄往身边扳转。禁止往外推，以免滑脱而损伤身体。

b. 对要求拧紧力矩较大，且工件较大、螺栓数较多的螺栓螺母时，应分次按一定顺序拧紧。

c. 拧紧螺栓螺母时，不能用力过猛，以免损坏螺纹。

d. 禁止使用无刻度盘或刻度线不清的扭力扳手。

e. 拆装时，禁止在扭力扳手的手柄上再加套管或用锤子锤击。

f. 扭力扳手使用后应擦净油污，妥善放置。

g. 预调式扭力扳手使用前应做好调校工作，用后应将预紧力矩调到零位。

(6) 内六角扳手。

① 结构与功用：用来拆装内六角螺栓或螺塞用的，如图 1-5-7 所示。规格以六角形对边尺寸表示，有 3～27 mm 尺寸的 13 种，汽车维修作业中使用成套内六角扳手拆装 M4～M30 的内六角螺栓。

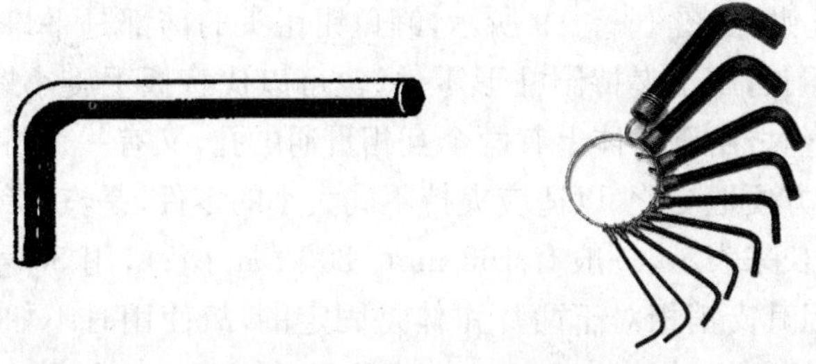

图 1-5-7　内六角扳手

② 使用要求：

a. 将六棱的内六角扳手，放在螺丝的内六角槽内，顺时针紧固螺丝，逆时针松动螺丝。

b. 注意选择合适的规格、型号，以防滑脱伤手。

2）螺钉旋具

(1) 结构与功用：螺钉旋具俗称螺丝刀，主要用于旋松或旋紧有槽螺钉。螺钉旋具有很多类型，其区别主要是尖部形状，每种类型的螺钉旋具都按长度不同分为若干规格。常用的螺钉旋具是一字螺钉旋具和十字槽螺钉旋具。

① 一字螺钉旋具，又称一字起子、平口改锥，用于旋紧或松开头部开一字槽的螺钉，如图 1-5-8(a)所示。一般工作部分用碳素工具钢制成，并经过淬火处理。其规格以刀体部分的长度表示，常用的规格有 100 mm、150 mm、200 mm 和 300 mm 等。使用时，应根据螺钉沟槽的宽度选用相应的规格。

② 十字槽螺钉旋具，又称十字形起子、十字改锥，用于旋紧或松开头部带十字沟槽的螺钉，材料和规格与一字螺钉旋具相同，如图 1-5-8(b)所示。

(2) 使用要求：

① 应根据螺钉沟槽的形状、大小选用合适的螺钉旋具。

② 使用螺钉旋具时不可偏斜，扭转的同时施加一定压力，以免旋具滑脱。

③ 使用时手心应顶住柄端，并用手指旋转螺钉旋具手柄。如使用较长的螺钉旋具，左手应固定住旋具的前端。

④ 螺钉旋具或工件上有油污时应擦净后再用。

⑤ 禁止将螺钉旋具当撬棒或錾子使用。

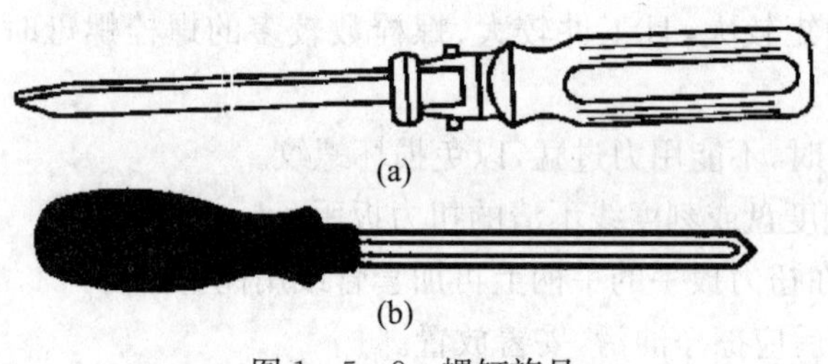

图 1-5-8 螺钉旋具

(a) 一字螺钉旋具 (b) 十字槽螺钉旋具

3）钳子。

(1) 结构与功用：钳子多用来弯曲或安装小零件、剪断导线或螺栓等。钳子有很多类型和规格。

① 鲤鱼钳和克丝钳，如图 1-5-9 所示，鲤鱼钳钳头的前部是平口细齿，适用于夹捏一般小零件；中部凹口粗长，用于夹持圆柱形零件，也可以代替扳手旋小螺栓、小螺母；钳口后部的刃口可剪切金属丝。由于钳体上有两个互相贯通的孔，又有一个特殊的销子，所以操作时钳口的张开度可很方便地变化，以适应夹持不同大小的零件，是汽车维修作业中使用最多的手钳。其规格以钳长来表示，一般有 165 mm、200 mm 两种，用 50 号钢制造。克丝钳的用途和鲤鱼钳相仿，但其支销相对于两片钳体是固定的，故使用时不如鲤鱼钳灵活，但剪断金属丝的效果比鲤鱼钳要好，规格有 150 mm、175 mm、200 mm 三种。

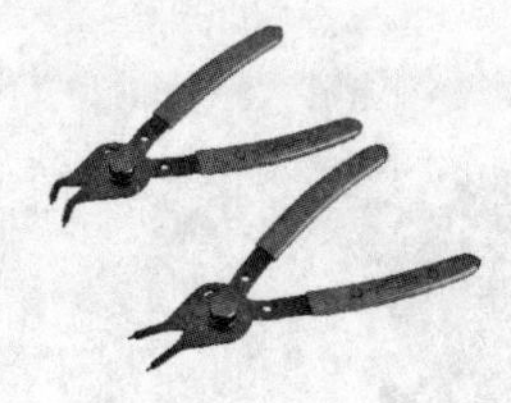
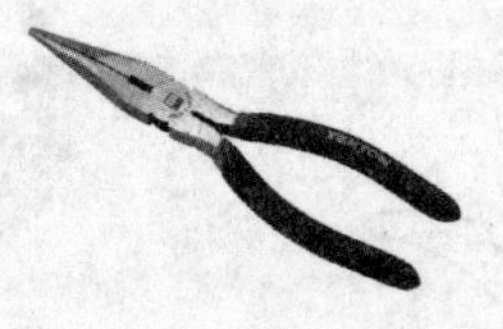
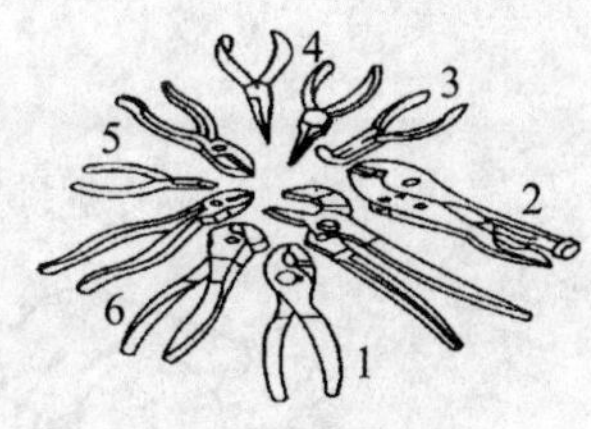

图 1－5－9　常用钳子类型

1—鲤鱼钳；2—夹紧钳；3—钩钳；4—尖嘴钳；5—组合钢丝钳；6—剪钳

② 尖嘴钳。因其头部细长，所以能在较小的空间内工作，带刃口的能剪切细小零件，使用时不能用力太大，否则钳口头部会变形或断裂。其规格以钳长来表示，常用 160 mm 的尖嘴钳。

在汽车维修中，应根据作业内容选用适当类型和规格(按长度分)的钳子，不能用钳子拧紧或旋松螺纹连接件，以防止螺纹件被倒圆，也不可用钳子当撬棒或锤子使用，以免钳子损坏。

(2) 使用要求：

① 使用时，先擦净油污。根据需要选用尖嘴钳或鲤鱼钳等。

② 禁止将钳子当扳手、撬棒或锤子使用。

③ 不准用锤子击打钳子。

④ 禁止用钳子夹持高温机件。

4) 锤子

(1) 结构与功用：汽车维修中常用锤子有手锤、木锤和橡胶锤。手锤(见图 1－5－10)通常用工具钢制成，规格按锤头质量划分。使用时应使锤头安装牢靠，手握锤柄末端，用锤头正面击打物体。木锤和橡胶锤主要用于击打零件加工表面，以保护零件不被损坏。

图 1－5－10　锤子

(2) 使用要求：

① 使用时，应握紧锤柄的有效部位，锤落线应与铜棒的轴线保持相切，否则易脱锤而影响安全。

② 锤击时，眼睛应盯住铜棒的下端，以免击偏。

③ 禁止用锤子直接锤击机件，以免损坏机件。

④ 禁止使用锤柄断裂或锤头松动的锤子，以免锤头脱落伤人。

5) 活塞环拆装钳

(1) 结构与功用：活塞环拆装钳是一种专门用于拆装活塞环的工具，如图 1－5－11 所示。维修发动机时，必须使用活塞拆装钳拆装活塞环。

(2) 使用要求：

① 使用时，应将其卡入活塞环的端口，并使其与活塞环贴紧，然后握住手把，慢慢收缩，使活塞环张开，便可将活塞环从活塞环槽内取出或装入槽内。

② 操作时不得扳转，以免滑脱损坏工具。

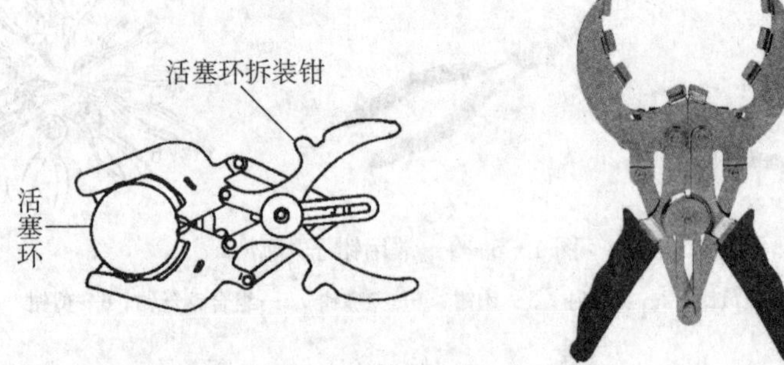

图 1-5-11　活塞环拆装钳

③ 操作时不得过快收缩手把，以免折断活塞环。

6）气门弹簧拆装架

（1）结构与功用：气门弹簧拆装架是一种专门用于拆装顶置气门弹簧的工具，如图 1-5-12 所示。

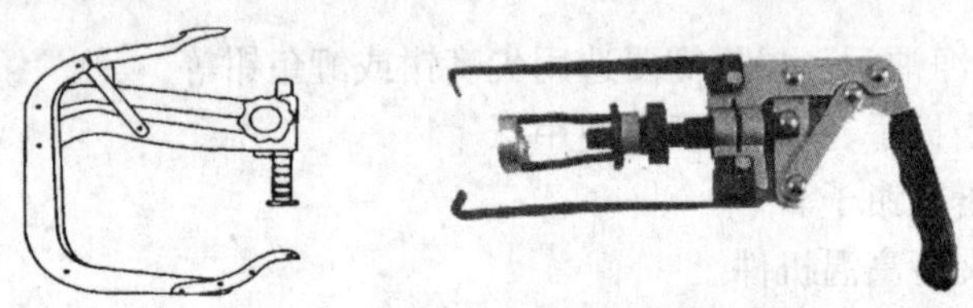

图 1-5-12　气门弹簧拆装架

（2）使用要求：使用时，将拆装架托架抵住气门，压环对正气门弹簧座，然后压下手柄，使得气门弹簧被压缩。这时可取下气门弹簧锁销或锁片，慢慢地松抬手柄，即可取出气门弹簧座、气门弹簧和气门等。

7）拉器

（1）结构与功用：拉器是用于拆卸过盈配合安装在轴上的齿轮或轴承等零件的专用工具，如图 1-5-13 所示。

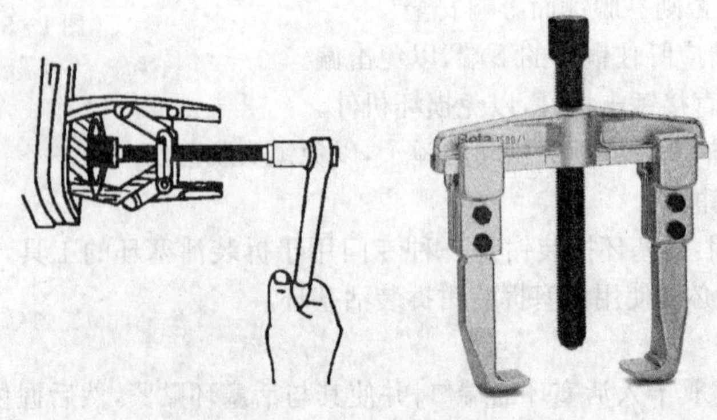

图 1-5-13　拉器

（2）使用要求：常用拉器为手动式，在一杆式弓形叉上装有压力螺杆和拉爪。使用时，在

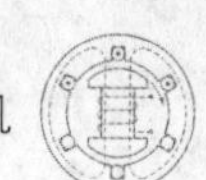

轴端与压力螺杆之间垫一垫板，用拉器的拉爪拉住齿轮或轴承，然后拧紧压力螺杆，即可从轴上拉下齿轮等过盈配合安装零件。

8）滑脂枪

（1）结构与功用：滑脂枪又称黄油枪（见图 1-5-14），是一种专门用来加注润滑脂（黄油）的工具。

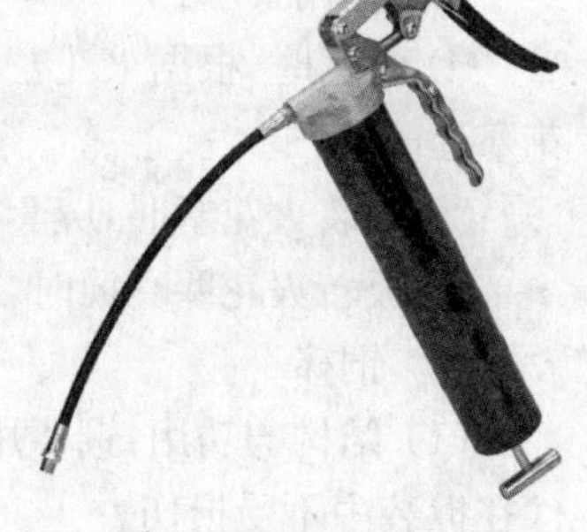

图 1-5-14　滑脂枪

（2）使用要求：

① 填装黄油。

a. 拉出拉杆使柱塞后移，拧下滑脂枪缸筒前盖。

b. 把干净黄油分成团状，徐徐装入缸筒内，且使黄油团之间尽量相互贴紧，便于缸筒内的空气排出。

c. 装回前盖，推回拉杆，柱塞在弹簧作用下前移，使黄油处于压缩状态。

② 注油方法：

a. 把滑脂枪接头对正被润滑的黄油嘴（滑脂嘴），直进直出，不能偏斜，以免影响黄油加注，减少润滑脂的浪费。

b. 注油时，如注不进油，应立即停止，并查明堵塞的原因，排除后再进行注油。

③ 加注润滑脂时，不进油的主要原因主要有以下几点：

a. 滑脂枪缸筒内无黄油或压力缸筒内的黄油间有空气。

b. 滑脂枪压油阀堵塞或注油接头堵塞。

c. 滑脂枪弹簧疲劳过软而造成弹力不足或弹簧折断而失效。

d. 柱塞磨损过甚而导致漏油。

e. 油脂嘴被泥污堵塞而不能注入黄油。

图 1-5-15　管子钳

9）管子钳

（1）结构与功用：管子钳（见图 1-5-15）由固定和可调两部分组成，钳口有齿，以增大与工件的摩擦力。管子钳一般用于扳转金属管件或其他圆柱形工件。

（2）使用要求：

① 使用时，应根据圆柱件的尺寸预先调好管子钳的钳口，使之夹住管件，并使固定部分承受拉力，以免扳转时滑脱。

② 管子钳使用时不得用锤子锤击，也不可将管子钳当锤子使用。

③ 禁止用管子钳拆装六角螺栓螺母，以免损坏六角。

④ 禁止用管子钳拆装精度较高的管件，以免改变工件表面的粗糙度。

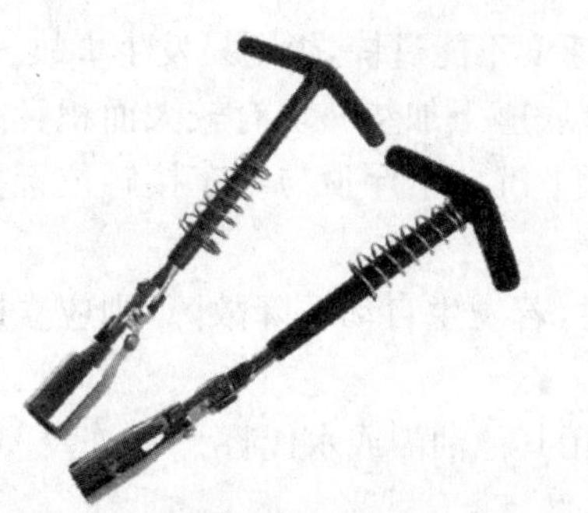

图 1-5-16　火花塞套筒

10）火花塞套筒

（1）结构与功用：火花塞套筒（见图 1-5-16）属薄壁长套筒，为火花塞的专用拆装工具。

(2) 使用要求：

① 使用时，根据火花塞的装配位置和火花塞六角的尺寸选用合适高度和径向尺寸的火花塞套筒。

② 拆装火花塞时，应套正火花塞套筒再扳转，以免套筒滑脱。

③ 扳转火花塞套筒时，不准随意加长手柄，以免损坏套筒。

11) 铜棒

(1) 结构与功用：铜棒用较软的金属制成，其功用是避免锤子与机件直接接触，保护机件在拆装中不受损伤。

(2) 使用要求：

① 不准将铜棒当撬棒使用，以免弯曲。

② 不准推磨铜棒，以免损坏。

③ 禁止将铜棒加温后使用，以免改变其材料性质。

12) 千斤顶

(1) 结构与功用：千斤顶是一种最常用、最简单的起重工具，如图 1-5-17 所示，按照其工作原理可分为机械丝杆式和液压式，按照所能顶起的质量可分为 3 000 kg、5 000 kg、9 000 kg 等多种不同规格。

图 1-5-17　千斤顶

(2) 使用方法：目前广泛使用的是液压式千斤顶。现以液压式千斤顶为例，介绍其使用方法。

① 起顶汽车前，应把千斤顶顶面擦拭干净，拧紧液压开关，把千斤顶放置在被顶部位的下部，并使千斤顶与被顶部位相互垂直，以防千斤顶滑出而造成事故。

② 旋转顶面螺杆，改变千斤顶顶面与被顶部位的原始距离，使起顶高度符合汽车需要的顶置高度。

③ 用三角形垫木将汽车着地车轮前后塞住，防止汽车在起顶过程中发生滑溜事故。

④ 用手上下压动千斤顶手柄，被顶汽车逐渐升到一定高度，在车架下放入搁车凳，禁止用砖头等易碎物支垫汽车。落车时，应先检查车下是否有障碍物，并确保操作人员的安全。

⑤ 徐徐拧松液压开关，使汽车缓缓平稳地下降，架稳在搁车凳上。

(3) 使用要求：

① 在起顶或下降过程中，禁止在汽车下面进行作业。

② 应徐徐拧松液压开关，使汽车缓慢下降，汽车下降速度不能过快，否则易发生事故。

③ 在松软路面上使用千斤顶起顶汽车时，应在千斤顶底座下加垫一块有较大面积且能承受压力的材料(如木板等)，防止千斤顶由于汽车重压而下沉。千斤顶与汽车接触位置要正确且保证牢固。

④ 千斤顶把汽车顶起后，当液压开关处于拧紧状态时，若发生自动下降故障，则应立即查找原因，及时排除故障后方可继续使用。

⑤ 如发现千斤顶缺油时，应及时补充规定油液，不能用其他油液或水代替。

⑥ 千斤顶不能用火烘热，以防皮碗、皮圈损坏。

⑦ 千斤顶必须垂直放置，以免因油液渗漏而失效。

13）汽车举升器

（1）分类：为了改善劳动条件，增大空间作业范围，汽车举升器（见图 1－5－18）在汽车维修中的使用日益广泛。汽车举升器按立柱数可分为单立柱式、双立柱式、四立柱式。按结构特点可分为电动机械举升器和电动液压举升器。

图 1－5－18　汽车举升器

（2）使用要求：

① 车辆的总质量不能超过举升器的起升能力。

② 根据车型和停车位置的不同，尽量使汽车的重心与举升器的重心相接近；严防偏重，为了打开车门，汽车与立柱间应留有一定的距离。

③ 转动、伸缩、调整举升臂至汽车底盘指定位置并接触牢靠。

④ 汽车举高前，操作人员应检查汽车周围人员的动向，防止意外。

⑤ 汽车举升时，要在汽车离开地面较低位置进行反复升降，无异常现象时方可举升至所需高度。

⑥ 汽车举升后，应落槽于棘牙之上并立即进行锁紧。

14）起重吊车

图1－5－19　悬臂式吊车

（1）分类与功用：常用的吊车有门式、悬臂式（见图 1－5－19）、单轨式和梁式四种类型。在汽车拆装实训中使用最多的是悬臂式吊车，它分为机械式和液压式两类。

① 机械式悬臂吊车。通过手柄转动绞盘和棘轮，收缩或放长铁链使重物上升或下降，可作短距离移动。

② 液压式悬臂吊车。起吊时，由于油泵的作用，使压力油进入油缸内，推动顶杆外移，使重物起吊。打开放油阀，工作缸内的油流回油箱，压力降低，使重物下降。

（2）使用要求：

① 吊运重物不允许超过核定载荷。

② 钢丝绳及绳扣应安装牢固。

③ 吊件应尽量靠近地面，以减小晃动。下放吊件时，要平稳，不可过急。

④ 严禁用吊车拖拉非起吊范围内的吊件。

【任务检查】

1. 简述在进行安全作业时，如何进行手的保护。
2. 简述常用扳手有哪些类型，各有什么特点。

【任务评估】

序号	学习内容	评价标准			
		了解	掌握	可指导操作	可独立操作
1	个人安全				
2	工具和设备的安全使用				
3	日常安全守则				
4	发动机拆装常用工具				

项目二

曲柄连杆机构

【导航】

曲柄连杆机构是发动机实现工作循环,完成能量转换的主要运动零件。它提供燃烧场所,把燃料燃烧后气体作用在活塞顶上的膨胀压力转变为曲轴旋转的转矩,不断输出动力。在做功冲程,它将燃料燃烧产生的热能转变为机械能,推动活塞往复运动,曲轴旋转运动,对外输出动力;在其他冲程,则依靠曲柄和飞轮的转动惯性、通过连杆带动活塞上下运动,为下一次做功创造条件。它由机体组、活塞连杆组和曲轴飞轮组等组成。

【计划】

1. 理论知识

(1) 了解汽缸体的形式及冷却方式、汽缸盖的组成及功能、汽缸垫的密封要求、油底壳的功能、发动机支撑的形式。

(2) 掌握活塞的组成及其特点、活塞环的类型及功用、活塞销的功用及连接方式、连杆组的功用及组成。

(3) 掌握曲轴飞轮组的功用及组成、曲轴的功用及构造、飞轮的功用及构造。

2. 技能知识

(1) 汽缸盖的拆装。

(2) 汽缸体的拆装。

(3) 活塞连杆组的拆装。

(4) 曲轴飞轮组的拆装。

任务一　机体组的结构原理与拆装

【任务理论】

机体组由汽缸体、曲轴箱、油底壳、汽缸套、汽缸盖、汽缸垫和发动机支承等组成(见图 2-1-1)。

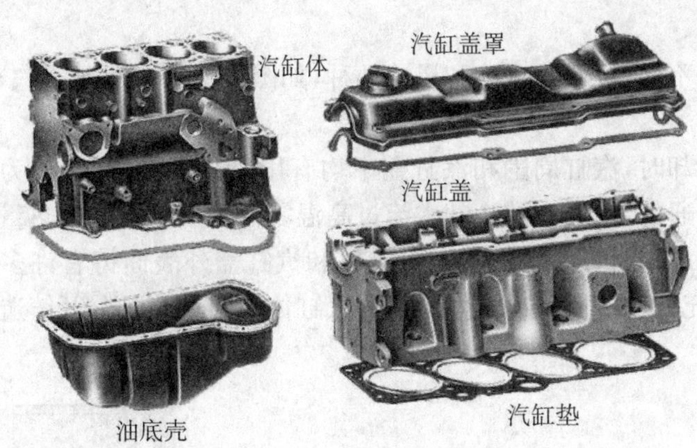

图 2-1-1　机体组

1. 汽缸体

水冷发动机的汽缸体和上曲轴箱常铸成一体,称为汽缸体曲轴箱,汽缸体一般用灰铸铁铸成,现代汽车也有很多采用铝制汽缸体。汽缸体上部的圆柱形空腔称为汽缸,下半部为支承曲轴的曲轴箱,其内腔为曲轴运动的空间,如图 2-1-2 所示。

图 2-1-2　汽缸体

1) 形式

根据汽缸体与油底壳安装平面的位置不同,通常把汽缸体分为以下 3 种形式:一般式汽缸体、龙门式汽缸体和隧道式汽缸体,如图 2-1-3 所示。

2) 材料和加工方法

汽缸工作表面由于经常与高温、高压燃气相接触,且有活塞在其中作高速往复运动,必须耐高温、耐磨损、耐腐蚀。为了满足以上要求,通常从汽缸材料、加工精度和结构型式等方

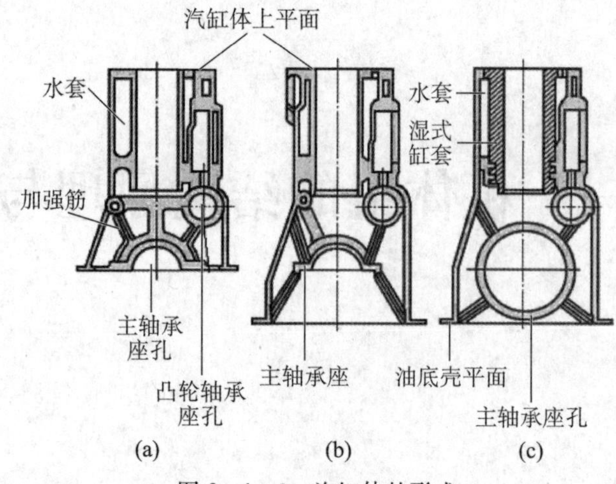

图 2-1-3　汽缸体的形式

(a) 一般式汽缸体　(b) 龙门式汽缸体　(c) 隧道式汽缸体

面来予以保证。

3）冷却方式

按冷却介质的不同,可分为水冷和风冷两种,如图 2-1-4 所示。汽车发动机上采用较多的是水冷却。

发动机用水冷却时,汽缸周围和汽缸盖中均有用以充水的空腔,称为水套,汽缸体和汽缸盖上的水套是连通的,水套中的冷却水流过高温零件的周围会将其热量带走。

发动机用空气冷却时,即风冷式,在汽缸体和汽缸盖外表面铸有许多散热片,以增加散热面积,保证散热充分。一般风冷式发动机的汽缸体与曲轴箱是分开铸造的。

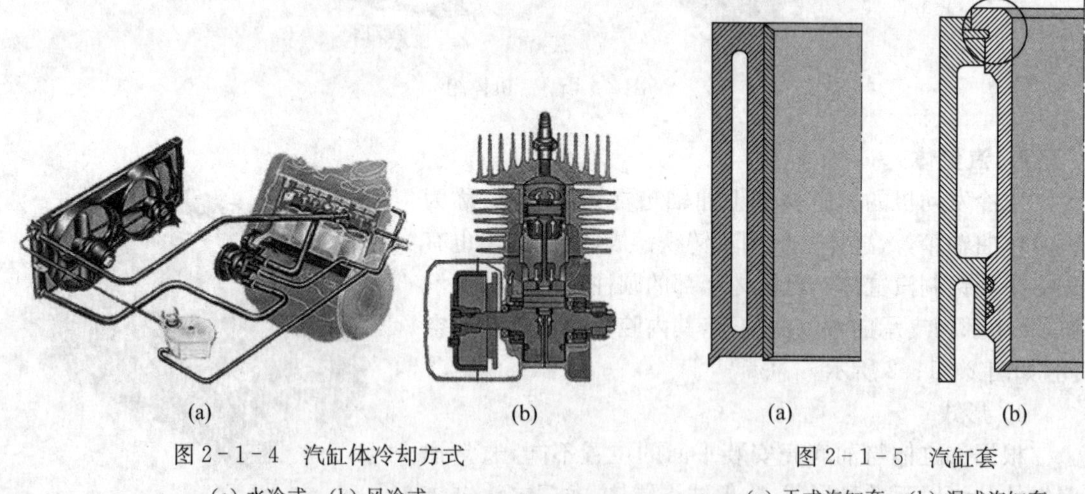

图 2-1-4　汽缸体冷却方式

(a) 水冷式　(b) 风冷式

图 2-1-5　汽缸套

(a) 干式汽缸套　(b) 湿式汽缸套

4）汽缸套的结构形式

汽缸套有两种结构,如图 2-1-5 所示。

干式汽缸套不直接与冷却水接触,壁厚一般为 1～3 mm;湿式汽缸套则与冷却水直接接触,壁厚一般为 5～9 mm。

汽缸套装入座孔后,通常汽缸套顶面略高出汽缸体上平面 0.05～0.15 mm。这样当紧固汽缸盖螺栓时,可将汽缸盖衬垫压得更紧,以保证汽缸的密封性,防止冷却水和汽缸内的高压气体窜漏。

湿式汽缸套的优点是在汽缸体上没有封闭的水套,铸造方便,容易拆卸更换,冷却效果较好。其缺点是汽缸体的刚度差,容易漏气漏水。

2. 汽缸盖

1）功用与组成

汽缸盖的主要功用是封闭汽缸上部,并与活塞顶部和汽缸壁一起构成燃烧室。

汽缸盖安装在汽缸体的上面,它经常与高温高压燃气相接触,承受很大的热负荷和机械负荷。水冷发动机的汽缸盖内部制有冷却水套,缸盖下端面的冷却水孔与缸体的冷却水孔相通,利用循环水来冷却燃烧室等高温部分。

汽缸盖上还装有进、排气门座,气门导管孔,用于安装进、排气门,还有进气通道和排气通道等。汽油发动机的汽缸盖上加工有安装火花塞的孔,而柴油发动机的汽缸盖上加工有安装喷油器的孔。顶置凸轮轴式发动机的汽缸盖上还加工有凸轮轴轴承孔,用以安装凸轮轴。

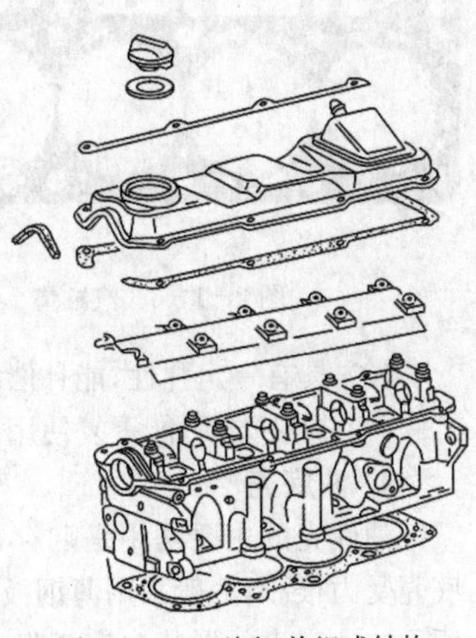

图 2-1-6　汽缸盖组成结构

上海桑塔纳轿车发动机的汽缸盖组成结构如图 2-1-6 所示。

2）类型

在多缸发动机中,只覆盖一个汽缸的汽缸盖,称为单体汽缸盖;能覆盖部分(两个以上)汽缸的称为块状汽缸盖;能覆盖全部汽缸的汽缸盖则称为整体汽缸盖。

汽缸盖由于形状复杂,一般采用灰铸铁或合金铸铁铸造而成,目前,铝合金铸造的缸盖,正在逐步推广并取代铸铁缸盖。

3）汽油机燃烧室的形状

汽油机的燃烧室是由活塞顶部及缸盖上相应的凹部空间组成。汽油机常用燃烧室形状如图 2-1-7 所示。

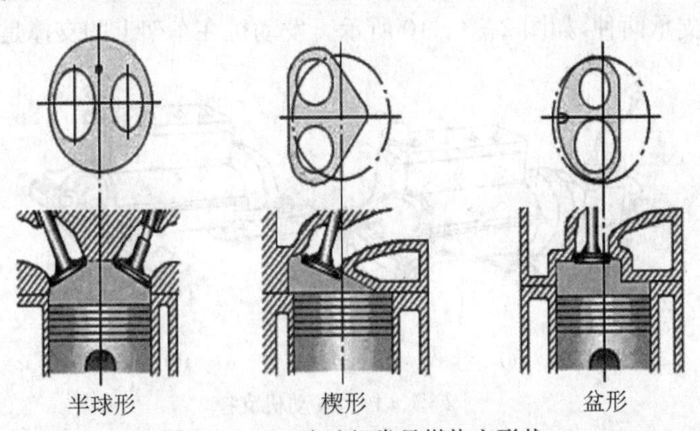

图 2-1-7　汽油机常见燃烧室形状

(1) 半球形燃烧室结构较其他两种更紧凑。因进排气门分别置于缸盖两侧,故配气机构比较复杂。由于其散热面积小,有利于促进燃料的完全燃烧和减少排气中的有害气体,对排气净化有利。

(2) 楔形燃烧室结构较简单紧凑。在压缩结束时能形成挤气涡流,因而燃烧速度较快,经济性和动力性较好。

(3) 盆形燃烧室结构也较简单紧凑。

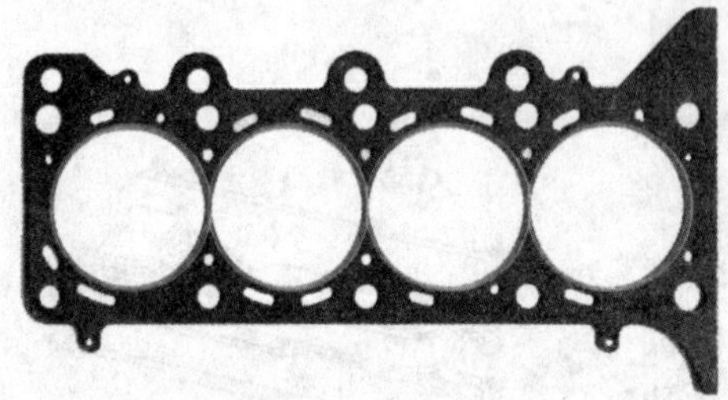

图 2-1-8　汽缸垫

3. 汽缸垫

汽缸盖与汽缸体之间置有汽缸垫(见图 2-1-8),以保证燃烧室的密封。汽缸垫应满足如下要求:

(1) 在高温、高压燃气作用下有足够的强度,不易损坏。

(2) 耐热和耐腐蚀,即在高温、高压的燃气下或有压力的机油和冷却液的作用下不烧损或变形。

(3) 具有一定弹性,能补偿结合面的不平整,以保证密封。

(4) 拆装方便,能重复使用,寿命长。

4. 油底壳

油底壳的主要功用是贮存机油并密封曲轴箱。油底壳受力很小,一般采用薄钢板冲压而成,如图 2-1-9 所示。油底壳的形状决定于发动机的总体布置和机油的容量。有些发动机上,为了加强散热,油底壳采用铝合金铸造,在底部还铸有相应的散热肋片。

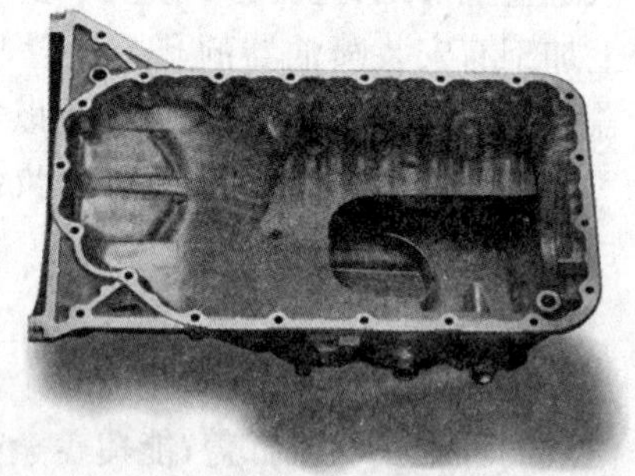

图 2-1-9　油底壳

为了保证发动机纵向倾斜式机油泵能经常吸到机油,油底壳后部一般做得较深。油底壳内还设有挡油板,防止汽车振动时油面波动过大。油底壳底部装有放油塞,有的放油塞是磁性的,对机油中的金属屑产生吸力,以减少发动机运动零件的磨损。

5. 发动机的支撑

发动机一般通过汽缸体和飞轮壳或变速器壳支承在车架上,发动机的支承方式,一般有三点支承和四点支承两种,如图 2-1-10 所示。发动机在车架上的支撑是弹性的。

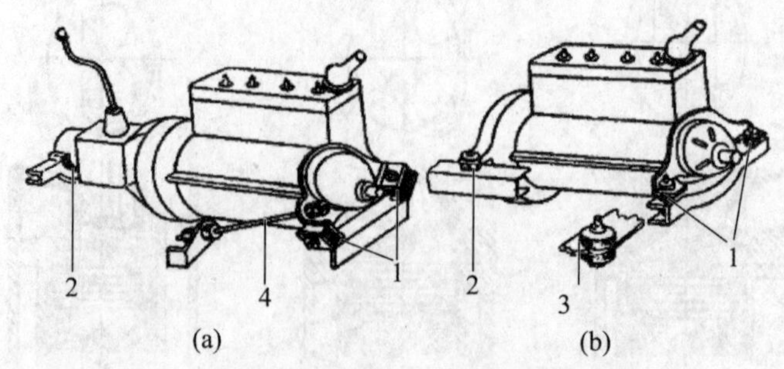

图 2-1-10　发动机支撑

(a) 三点支撑　(b) 四点支撑

【任务实训】

1. 汽缸盖的拆装

1）汽缸盖的拆卸

(1) 拆下进气歧管总成,拆下火花塞及其垫圈。

(2) 拆下机油加油口盖。

(3) 拆下气门罩盖,按如图 2-1-11(a)所示顺序分 2～4 次逐渐松开汽缸盖螺栓。

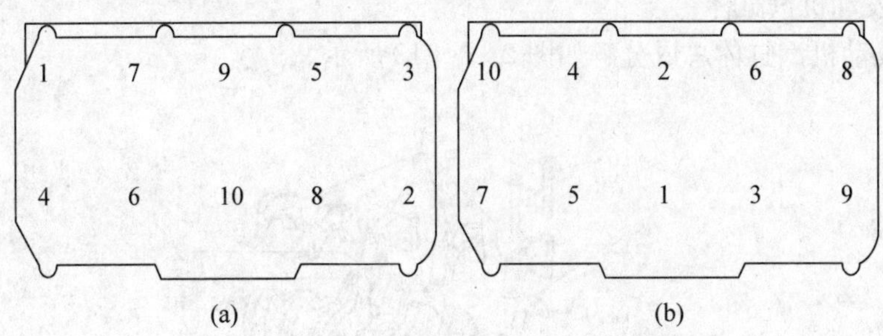

图 2-1-11　汽缸盖螺栓拆卸和拧紧顺序

(a) 汽缸盖螺栓拆卸顺序　(b) 汽缸盖螺栓拧紧顺序

(4) 取下气门罩盖压条、密封衬条、衬垫。

(5) 拆下机油反射罩,取下半圆塞。

(6) 拆下凸轮轴前端正时齿带轮的螺栓,用拉拔器取下凸轮轴正时齿带轮。

(7) 由四周向中间交叉旋松凸轮轴支承盖的紧固螺栓,取下支座盖。

(8) 拆卸下凸轮轴,取下液压挺杆总成。

(9) 用专用工具 2037 压下气门弹簧,取下气门锁夹,取下气门锁夹座圈和气门内外弹簧。

(10) 用气门拆装工具拆卸气门及气门油封。

2）汽缸盖的装配

汽缸盖的安装顺序与拆卸顺序相反,应注意以下事项。

(1) 安装时应更换所有密封条和密封衬垫,并注意衬垫的安装位置。特别是汽缸盖衬垫,标有“OBEN TOP”字样的一面必须朝向汽缸盖,如图 2-1-12 所示。

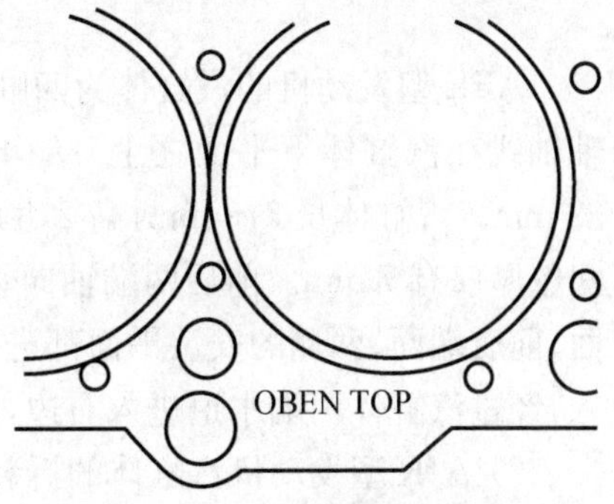

图 2-1-12　汽缸盖衬垫的标记

(2) 安装汽缸盖时,应将专用工具 3070 定位导向螺栓旋入汽缸体第 8 孔和第 10 孔内,如图 2-1-11(b)所示。放上汽缸盖和其余 8 个螺栓,并稍微拧紧。用扳手旋出事先拧入的 3070 定位导向螺栓,并拧入汽缸螺栓。按如图 2-1-11(b)所示的顺序,将汽缸盖螺栓分 4 次旋紧,发动机冷态时,汽缸盖紧固螺栓的拧紧力矩如表 2-1-1 所示。

(3) 在安放汽缸盖时，曲轴不能置于上止点位置，否则气门和活塞顶部会被损坏。

表 2-1-1　发动机冷态时汽缸盖拧紧力矩

项　目	扭紧力矩/N·m	项　目	扭紧力矩/N·m
第一次	40	第三次	75
第二次	60	第四次	再用扳手拧紧 1/4 圈

2. 汽缸体的拆装

1) AFE 发动机汽缸体

AFE 型发动机汽缸体总成分解如图 2-1-13 所示。

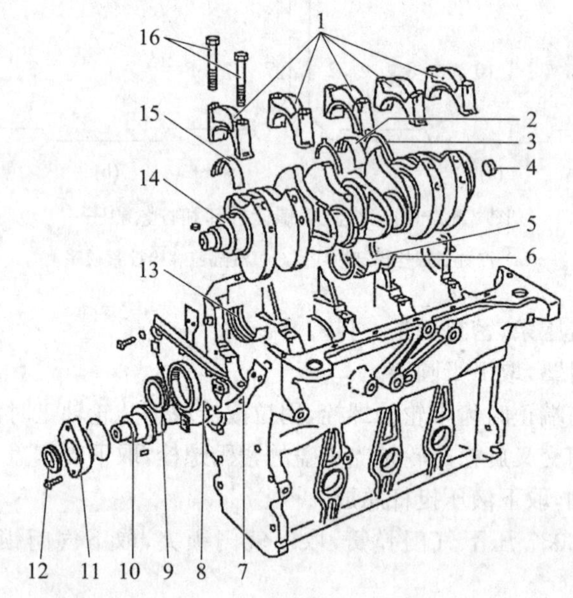

图 2-1-13　AFE 型发动机汽缸体总成分解

1—主轴承盖；2、5—3 号主轴承；3、6—半圆形止推环；4—滚针轴承；
7—衬垫；8—前油封凸缘；9—油封；10—中间轴；11—密封凸缘；
12—油封；13、15—1、2、4 和 5 号主轴承；14—曲轴；
16—曲轴主轴承盖螺栓(拧紧力矩 65 N·m)

AFE 型发动机的汽缸体为四缸直列、水冷、无缸套、全支承(有 5 个主轴颈)、龙门式(曲轴轴线在汽缸体下平面之上)结构，用合金铸铁铸造而成。龙门架深度为 58 mm，宽度为 98 mm。汽缸体长 379 mm，高 278 mm，质量为 32.8 kg。缸径 81 mm，缸心距 88 mm，两缸间壁厚仅有 7 mm。前后两端轴向缸壁最薄处只有 5 mm，缸筒壁厚 6 mm。汽缸体上下平面、前后端面、两侧的安装平面都进行了加厚并增设加强筋。冷却水从汽缸体左下方中部进入，经过汽缸体两端水道进入右边，流过上平面分布的水孔进入汽缸盖。

2) AJR 型发动机汽缸体的拆装

(1) AJR 型发动机汽缸体的拆卸如下所述。

① 将汽缸体反转倒置在工作台上。

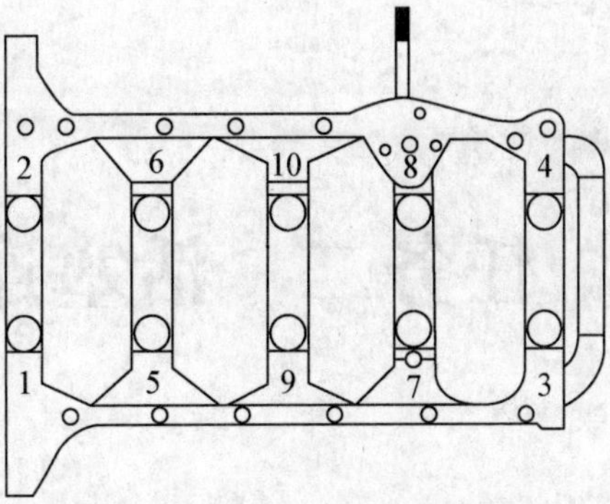

② 拆下中间轴密封凸缘，拆下汽缸体前端中间轴密封凸缘中的油封。

③ 在汽油泵已拆卸的情况下，拆下中间轴。

④ 拆下正时齿带轮端曲轴油封，不解体更换该油封时，应使用油封取出器拆卸。

⑤ 拆下前油封凸缘及衬垫。

⑥ 依据 10～1 的顺序分几次从中间到两边逐渐拧松主轴承盖上的紧固螺栓，如图 2-1-14 所示。

图 2-1-14　轴承盖螺栓拆卸顺序

⑦ 拆下曲轴各主轴承。

(2) AJR 型发动机汽缸体的装配如下所述。

① 装配汽缸体时应更换中间轴密封凸缘油封和曲轴前油封凸缘衬垫。

② 安装曲轴前油封时，应在油封外圈和唇边涂上一层薄机油，在曲轴颈处套上专用工具，通过装在导套上的压套将油封压到位。

③ 中间轴密封凸缘紧固螺栓拧紧力矩为 25 N·m。

④ 装配中间轴时，中间轴最大轴向间隙应为 0.25 mm。

⑤ 主轴承盖紧固螺栓拧紧力矩为 65 N·m，拧紧顺序与拆卸顺序相反。

⑥ 曲轴 3 号主轴承为推力轴承，其两端有半圆形止推环。（注意：定位及开口必须朝向滑动轴承安装，各滑动轴承不能互换。）

【任务检查】

1. 简述汽缸盖的组成及功用。
2. 分步骤简述如何进行汽缸盖的拆装，有哪些注意事项。

【任务评估】

序号	学习内容	评价标准			
		了解	掌握	可指导操作	可独立操作
1	汽缸体的形式及冷却方式				
2	汽缸盖的组成及功能				
3	汽缸垫的密封要求				
4	油底壳的功能				
5	发动机支撑的形式				
6	汽缸盖的拆装				
7	汽缸体的拆装				

任务二　活塞连杆组的结构原理与拆装

【任务理论】

活塞连杆组由活塞、活塞环、活塞销、连杆等机件组成，如图 2-2-1 所示。

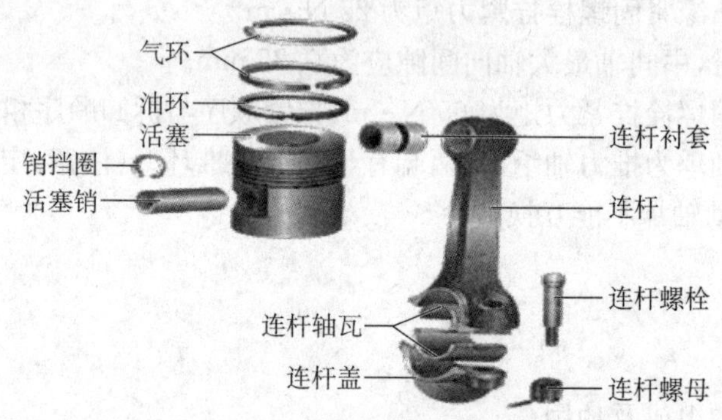

图 2-2-1　活塞连杆组的结构

1. 活塞组

1) 活塞

活塞的功用是与汽缸盖共同构成燃烧室，承受气体压力，并将此力通过活塞销传给连杆，以推动曲轴旋转。

(1) 材料：目前，汽车发动机广泛采用的活塞材料是铝合金，铝合金活塞质量小，导热性好，缺点是热膨胀系数较大，在温度升高的过程中，其强度和硬度下降较快。

(2) 结构组成：活塞的基本构造可分为顶部、头部和裙部三部分，如图 2-2-2 所示。

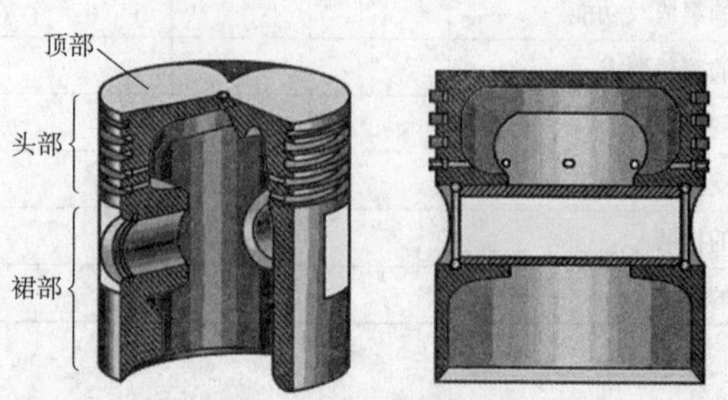

图 2-2-2　活塞结构

① 活塞顶部:活塞顶部是燃烧室的组成部分,其形状与选用燃烧室形式有关。汽油机活塞顶部较多采用的形状如图 2-2-3 所示。有的活塞顶部打有“←”是装配记号,装配时箭头应指向前方。

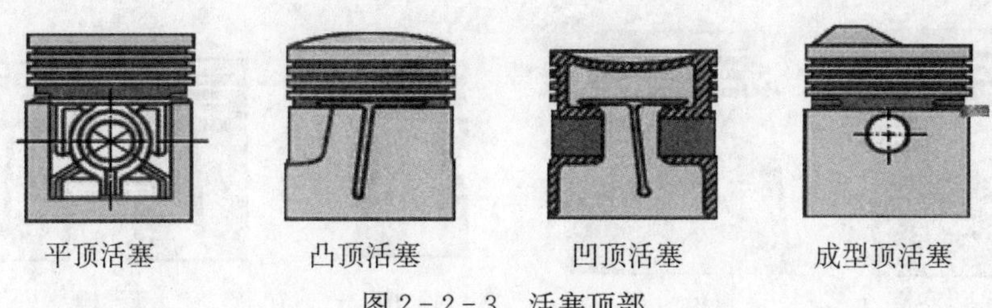

图 2-2-3　活塞顶部

② 活塞头部:活塞头部指第一道活塞环槽到活塞销孔以上的部分。它有数道环槽,用以安装活塞环,起密封作用,又称为防漏部。

③ 活塞裙部:活塞裙部是指油环槽下端以下的部分。其作用是为活塞在汽缸内作往复运动导向和承受侧压力(见图 2-2-4)。因而裙部要有一定的长度和足够的面积,以保证可靠导向和减轻磨损。

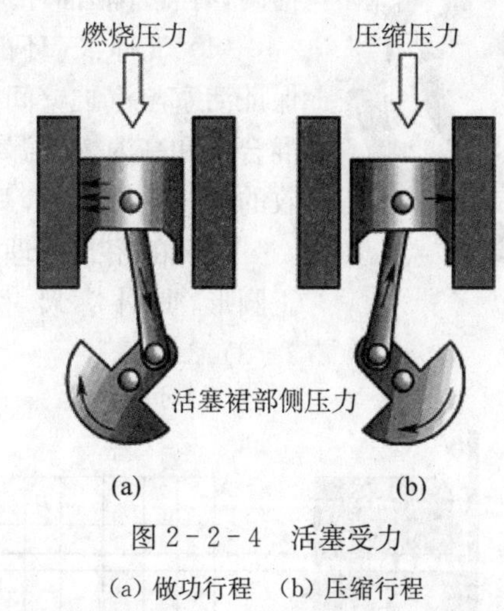

图 2-2-4　活塞受力

(a) 做功行程　(b) 压缩行程

(3) 活塞的变形及采取的相应措施。

活塞工作时受热膨胀且受侧压力和气体压力的作用,会产生变形,如图 2-2-5 所示。

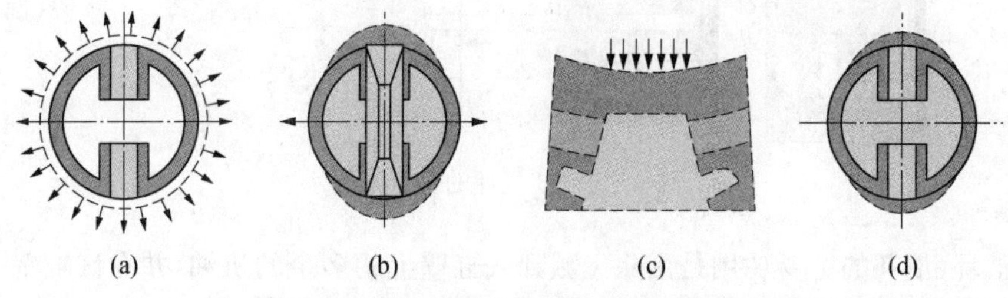

图 2-2-5　活塞裙部横截面的变形原因

(a) 销座热膨胀　(b) 挤压变形　(c) 弯曲变形　(d) 裙部变形

为了防止或者减小活塞变形，要对活塞采取一些结构措施，如图 2-2-6 所示。

① 活塞纵断面制成上小下大的形状，如图 2-2-6(a)所示。

② 裙部开绝热膨胀槽，有“Π”形槽或“T”形槽，如图 2-2-6(b)所示。

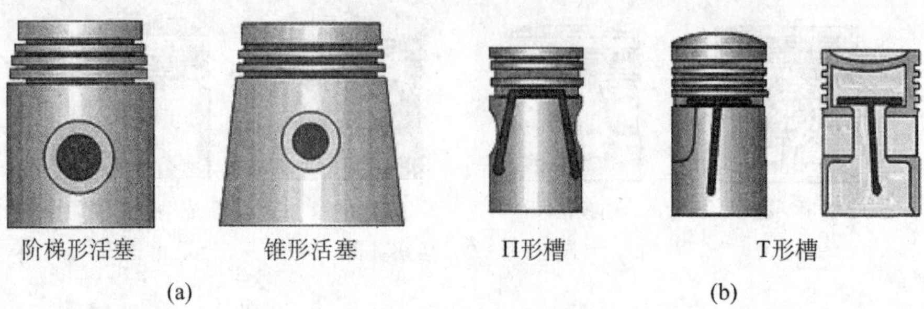

图 2-2-6　减小活塞变形措施

(a) 活塞头部形状　(b) 绝热膨胀槽

2) 活塞环

图 2-2-7　活塞环

活塞环(见图 2-2-7)安装在活塞头部的环槽内，有气环和油环两种。

(1) 气环：气环的主要功用是密封和传热，保证活塞与汽缸壁间的密封，防止汽缸内的可燃混合气和高温燃气漏入曲轴箱，并将活塞顶部接收的热传给汽缸壁，避免活塞过热。

气环的密封原理：活塞环在自由状态下不是正圆形，其外廓尺寸比汽缸直径大(见图 2-2-8)。

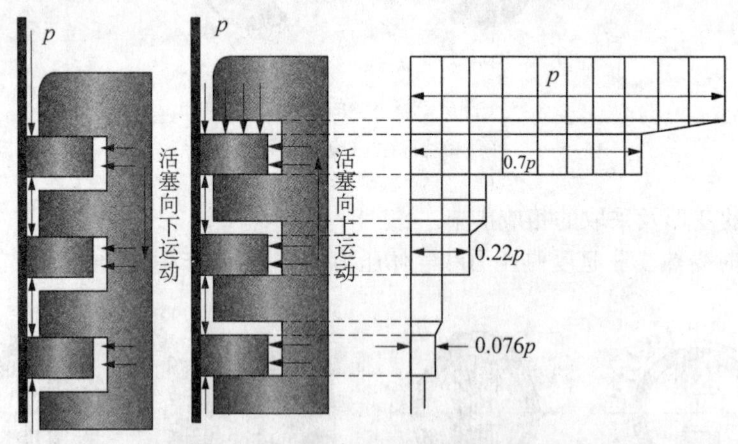

图 2-2-8　气环的密封原理

(2) 油环：油环的主要功用是刮除飞溅到汽缸壁上的多余的机油，并在汽缸壁上涂布一层均匀的油膜。

油环有槽孔式和钢带组合式两种类型。

槽孔式油环(见图 2-2-9):因为油环的内圆面基本上没有气体力的作用,所以槽孔式油环的刮油能力主要靠油环自身的弹力。

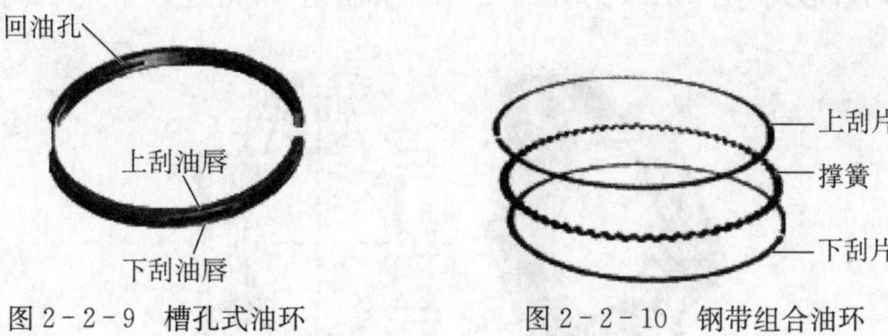

图 2-2-9　槽孔式油环　　图 2-2-10　钢带组合油环

钢带组合式油环(见图 2-2-10):其结构形式很多,由上、下刮片和轨形撑簧组合而成。

3) 活塞销

活塞销用来连接活塞和连杆,并将活塞承受的力传给连杆。

活塞销与活塞销座孔和连杆小头的连接方式一般有全浮式和半浮式两种(见图 2-2-11)。

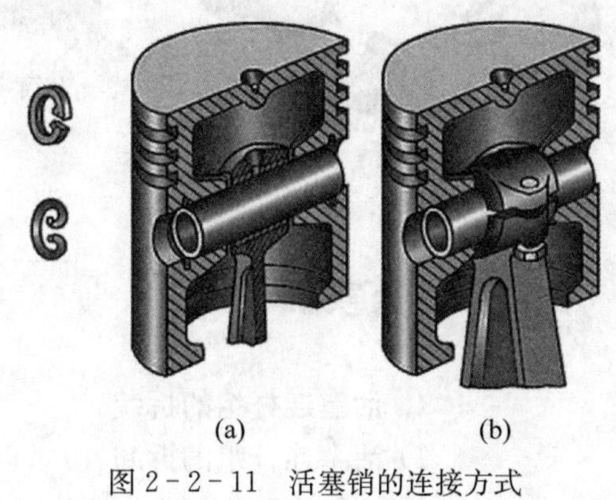

图 2-2-11　活塞销的连接方式

(a) 全浮式　(b) 半浮式

2. 连杆组

1) 功用

连杆组的功用是将活塞承受的力传给曲轴,并将活塞的往复运动转变为曲轴的旋转运动。

2) 组成

连杆主要由小头、杆身和大头构成(见图 2-2-12)。连杆小头与活塞销连接,同活塞一起作往复运动;连杆大头与曲柄销连接,同曲轴一起作旋转运动,因此在发动机工作时连杆作复杂的平面运动。

连杆小头用来安装活塞销的圆形座孔。

连杆杆身通常做成“工”字形断面,抗弯强度好,质量小。有的连杆在杆身内加工有油道,用来润滑小头衬套和冷却活塞(须

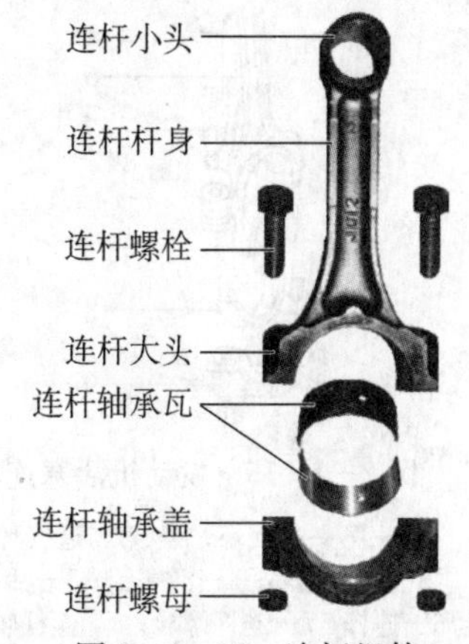

图 2-2-12　连杆组件

在小头顶部加工出喷油孔）。

连杆大头与曲轴的连杆轴颈相连，大头多采用分开式，分开式又分为平分和斜分两种，即连杆大头的切口形式有平切口（见图 2-2-13）和斜切口（见图 2-2-14）两种。

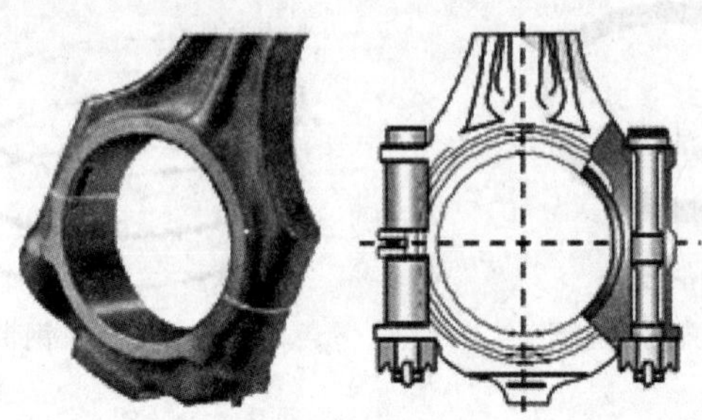

图 2-2-13　平切口连杆大头

图 2-2-14　斜切口连杆大头

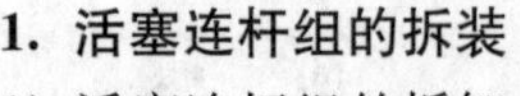

【任务实训】

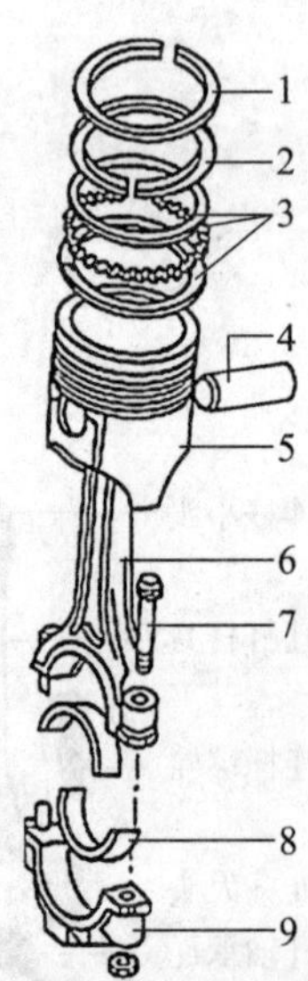

图 2-2-15　发动机活塞连杆

1—第一道气环；2—第二道气环；3—组合油环；4—活塞销；5—活塞；6—连杆；7—连杆螺栓；8—连杆轴承；9—连杆轴承盖

1. 活塞连杆组的拆装

1）活塞连杆组的拆卸

活塞连杆组的分解如图 2-2-15 所示。

（1）转动曲轴将准备拆卸的连杆对应的活塞转到下止点。

（2）拆卸连杆螺母，取下连杆轴承盖，并按顺序放好。

（3）用橡胶锤或手锤木柄推出活塞连杆组（应事先刮去汽缸上的台阶，以免损坏活塞环），注意不要硬撬，硬敲，以免损伤汽缸。

（4）取出活塞连杆组后，应将连杆轴承盖、螺栓、螺母按原位装回，并注意连杆的装配标记。标记应朝向皮带盘，活塞、连杆和连杆轴承盖打上对应缸号。

2）活塞连杆组的安装

按与拆卸相反的顺序安装活塞连杆组。

3）拆装活塞连杆组的注意事项

（1）对活塞作标记时，应从发动机前端向后打上汽缸号,并打上指向发动机前端的箭头。

(2) 拆卸连杆和连杆轴承盖时,应打上所属汽缸号。安装连杆时,浇铸的标记须朝向V形带轮方向(发动机前方)。

(3) 连杆螺母为M8×1,拧紧连杆螺母时,应在接触面涂机油,用30 N·m力拧紧,接着再转动180°。

(4) 拆装活塞环时应使用专用工具,如图2-2-16所示。安装活塞环时,应使活塞环开口错开120°,有"TOP"记号的一面朝活塞顶部。

(5) 装活塞销时,应将活塞加热至60℃,用大拇指仅需较小的力就应能将涂有机油的活塞销压入活塞销座孔中,如图2-2-17所示。在垂直状态时,活塞销不能在自重作用下从销座孔中自行滑出,用手晃动活塞销时应无间隙感,这表明活塞销与销座孔配合适宜。拆装活塞销卡簧时需用专用工具。

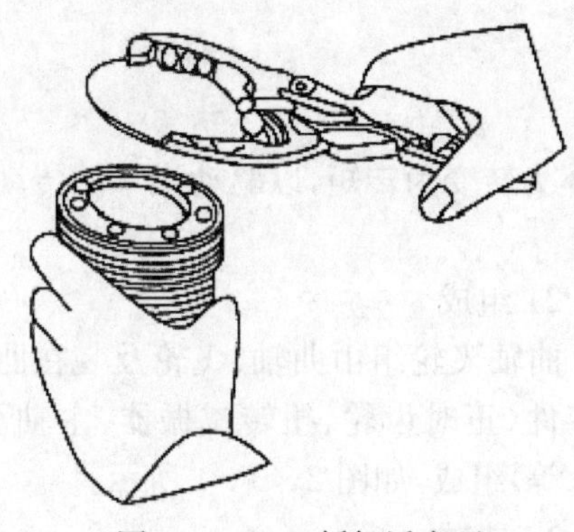

图2-2-16　拆卸活塞环

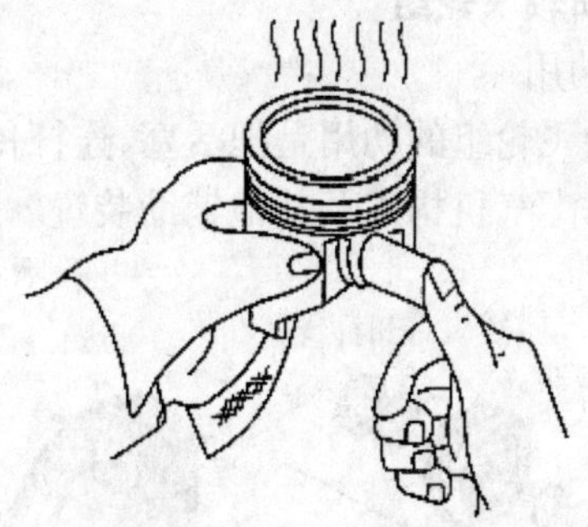

图2-2-17　装配活塞销

【任务检查】

1. 简述活塞的基本构造。
2. 分步骤简述如何进行活塞连杆组的拆装,有哪些注意事项。

【任务评估】

序号	学习内容	评价标准			
		了解	掌握	可指导操作	可独立操作
1	活塞的组成及其特点				
2	活塞环的类型及功用				
3	活塞销的功用及连接方式				
4	连杆组的功用及组成				
5	活塞连杆组的拆装				

任务三 曲轴飞轮组的结构原理与拆装

【任务理论】

1. 曲轴飞轮组

1）功用

曲轴飞轮组的功用是把活塞、连杆传来的气体力转变为转矩，以驱动汽车的传动系统和发动机的配气机构以及其他辅助装置。

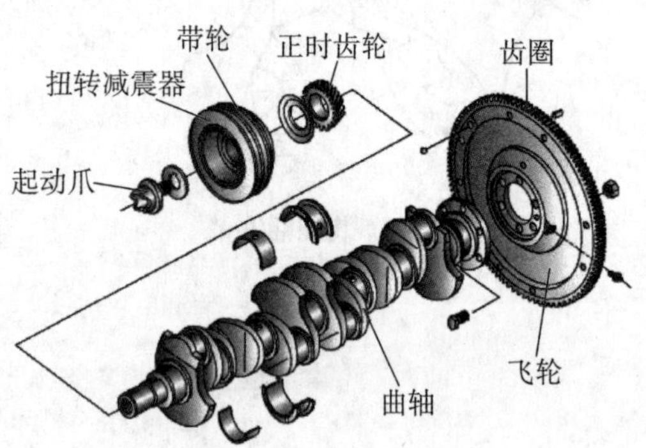

图 2-3-1 曲轴飞轮组

2）组成

曲轴飞轮组由曲轴、飞轮及装在曲轴上的各零件（正时齿轮、扭转减振器、主轴承瓦、止推片等）组成，如图 2-3-1 所示。

2. 曲轴

1）功用

曲轴的功用是把活塞、连杆传来的气体力转变为转矩，带动飞轮（用以驱动汽车的传动系统）和正时齿轮、带轮（用以驱动发动机的配气机构以及其他辅助装置）。

曲轴在周期性变化的气体力、惯性力及其力矩的共同作用下工作，承受弯曲和扭转交变载荷。因此，曲轴应有足够的抗弯曲、抗扭转的疲劳强度和刚度；轴颈应有足够大的表面承压性和耐磨性；曲轴的质量应尽量小；对各轴颈的润滑应该充分。

2）构造

曲轴基本上由若干个单元曲拐构成。一个连杆轴颈、左右两个曲柄和左右两个主轴颈构成一个单元曲拐。单缸发动机的曲轴只有一个曲拐，多缸直列式发动机曲轴的曲拐数与汽缸数相同，V 形发动机曲轴的曲拐数等于汽缸数的一半。将若干个单元曲拐按照一定的相位连接起来再加上曲轴前后端便构成一根曲轴。

多数发动机的曲轴在其曲柄上装有平衡重，曲轴构造如图 2-3-2 所示。

3）曲拐布置与多缸发动机的工作顺序

各曲拐的相对位置或曲拐布置取决于汽缸数、汽缸排列形式和发动机的工作顺序。当汽缸数和汽缸排列形式确定之后，曲拐布置就只取决于发动机的工作顺序。在选择发动机

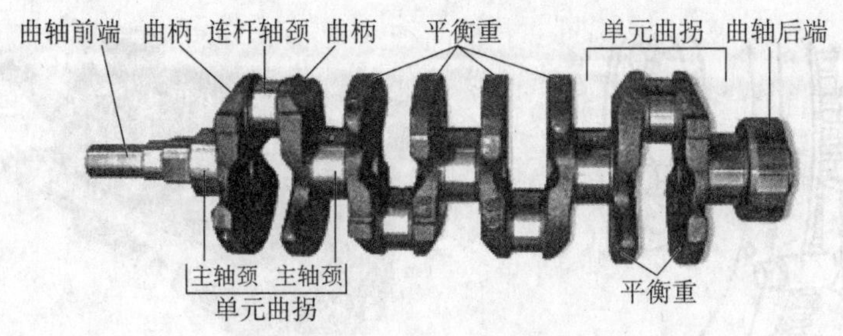

图 2-3-2　曲轴构造

工作顺序时,应注意以下几点。

(1) 应该使接连做功的两个汽缸距离尽可能的远,以减轻主轴承载荷,以及避免在进气行程中发生抢气现象。

(2) 各汽缸发火的间隔时间应该相同。发火间隔时间若以曲轴转角计则称发火间隔角,在发动机完成一个工作循环的曲轴转角内,每个汽缸都应发火做功一次。

(3) V形发动机左右两列汽缸应交替发火。

3. 飞轮

1) 功用

飞轮(见图 2-3-3)是一个转动惯量很大的圆盘,飞轮贮存做功行程的能量,用于克服进气、压缩和排气行程的阻力和其他阻力,使曲轴能均匀地旋转;飞轮外缘压有的齿圈与起动电机的驱动齿轮啮合,供起动发动机用,并使发动机有可能克服短时间的超载荷;汽车离合器也装在飞轮上,用飞轮后端面作为驱动件的摩擦面,对外传递动力。

图 2-3-3　飞轮

2) 构造

飞轮是一个外缘有齿圈的铸铁圆盘。在保证有足够的转动惯量的前提下,要尽可能减小飞轮的质量,应使飞轮的大部分质量都集中在轮缘上,因而轮缘通常做得宽而厚。

飞轮外缘上压有一个齿环,可与起动机的驱动齿轮啮合,供起动发动机用。

【任务实训】

1. 曲轴飞轮组的拆卸

(1) 将汽缸体倒置在工作台上,拆卸中间轴密封凸缘。

(2) 拆卸缸体前端中间轴密封凸缘中的油封,装配时必须更换。

(3) 拆卸中间轴,拆卸皮带盘端曲轴油封,拆卸前油封凸缘及衬垫。

(4) 飞轮拆卸时,使用专用工具 10-201 卡住飞轮齿圈,拧下飞轮紧固螺栓,从曲轴凸缘上拆下飞轮,如图 2-3-4 所示。

(5) 拆卸飞轮内孔中滚针轴承时,使用专用工具 10-202。轴承标记必须打印在朝外的一面。

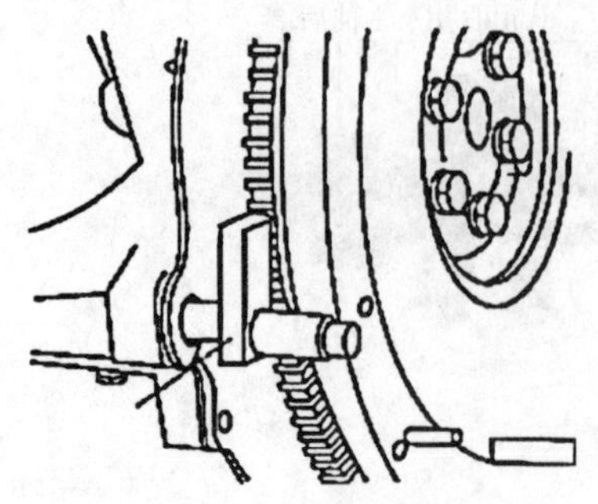
图 2-3-4 拆卸飞轮

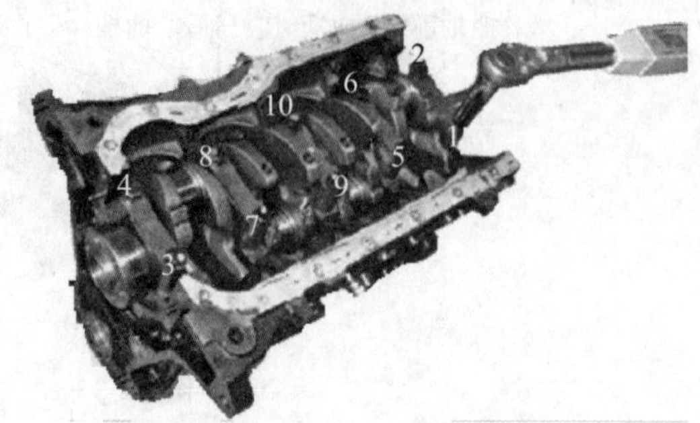

图 2-3-5 拧松螺栓

(6) 拆下曲轴主轴承盖紧固螺栓，不能一次全部拧松，必须分次从两端到中间逐步拧松。

(7) 拆卸主轴承盖，先两边后中间按如图 2-3-5 所示顺序分几次均匀地拧松并卸下主轴承盖螺栓。

(8) 前后提动主轴承盖，并拆下下主轴瓦和下止推垫片，如图 2-3-6 所示。

图 2-3-6 拆下主轴承盖、下主轴瓦和下止推垫片

图 2-3-7 取出曲轴

(9) 向上取出曲轴，再将轴承盖及垫片按原位装回，并将固定螺栓拧入少许，如图 2-3-7 所示。

(10) 清洗所有主轴颈和主轴瓦。

(11) 检查所有主轴颈和主轴瓦有无麻坑和划痕，如果主轴颈或主轴瓦有损伤，则应更换，有轻微划痕可用砂布打磨处理，如已划出很深的伤痕，则应更换曲轴。

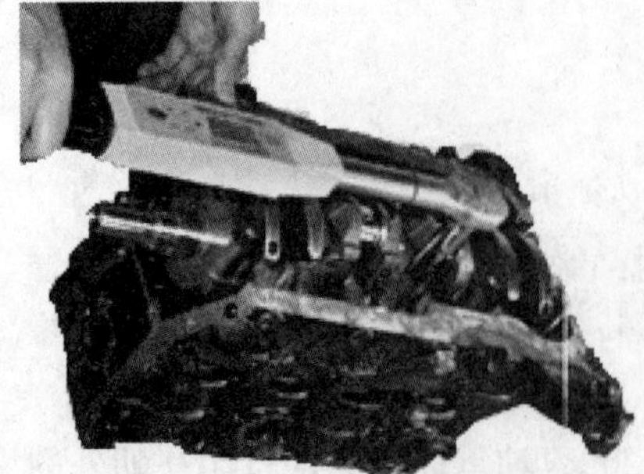
图 2-3-8 安装主轴承盖

2. 曲轴飞轮组的装配

(1) 将经过清洗和擦拭干净的曲轴、飞轮、选配及修配好的轴承、轴承盖等零件依次摆放整齐，准备装配。

(2) 将曲轴安装在缸体上(见图 2-3-8)。在第 3 道主轴颈两侧安装半圆止推垫片，其开口必须朝向曲轴。定位半圆止推垫片装于轴承盖上，从中间轴承盖向左右对称紧固螺栓。

注意：轴承盖按1～5序号安装，不得装错和装反。1、2、4、5道曲轴瓦，只有装在缸体上的轴瓦有油槽，装在瓦盖上的无油槽；但第3道轴瓦两片均有油槽。

(3) 安装飞轮和滚针轴承，新换飞轮时，还应在飞轮“o”标记(1、4缸上止点记号)附近打印上点火正时记号。变速器输入端外端的滚针轴承安装时标记朝外(朝后)，安装好后应清晰可见。安装时使用专用工具VW207C。安装好后，滚针轴承外端面与飞轮安装孔外端面的距离为1.5 mm。

(4) 用专用工具VW10-203安装曲轴中间轴油封和油封座(见图2-3-9)。

(5) 检验曲轴的轴向间隙。检验时，先用撬棍将曲轴撬挤向一端，再用厚薄规在止推轴承处测量曲柄与止推垫片之间的间隙。新装配时间隙值为0.07～0.17 mm，磨损极限为0.25 mm。如曲轴轴向间隙过大，应更换止推轴承。

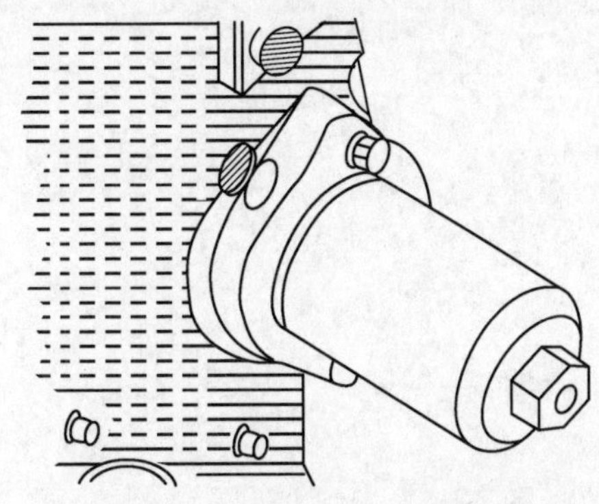

图2-3-9　安装曲轴中间轴油封

3. 注意事项

(1) 拆卸曲轴主轴承盖时，注意拆卸顺序，安装曲轴主轴承盖时，应先旋紧第2、4轴承盖螺栓，再旋紧第1、3、5轴承盖螺栓。

(2) 曲轴后端滚针轴承有标记的一面应朝外。

(3) 安装飞轮时，齿圈上的标记与1缸连杆轴颈在同一个方向上。

(4) 注意曲轴与飞轮的相对位置。

【任务检查】

1. 简述曲轴的功能及其构造。
2. 分步骤简述如何进行曲轴飞轮组的拆装，有哪些注意事项。

【任务评估】

序号	学习内容	评价标准			
		了解	掌握	可指导操作	可独立操作
1	曲轴飞轮组的功用及组成				
2	曲轴的功用及构造				
3	飞轮的功用及构造				
4	曲轴飞轮组的拆装				

项目三

配气机构

【导航】

在汽车的构成部件中,发动机的配气机构是非常重要的一个组成部分,它的作用和人体的呼吸器官一样掌控着氧气的进入,对于能否做功拥有决定权,不过它的工作环境可比呼吸器官严酷多了——油污、高温、高压,毫不夸张地说简直有如炼狱。配气机构按照一定时限自动开启和关闭各汽缸的进、排气门。它的作用是使空气及时通过进气门向汽缸内供给可燃混合气(汽油发动机)或新鲜空气(柴油发动机),并且及时将燃烧做功后形成的废气从排气门排出,实现发动机汽缸换气补给的整个过程。

【计划】

1. 理论知识

(1) 了解配气机构的功用、组成及分类方式。

(2) 掌握气门组的功用、组成及构造,并对气门组组件有一定认识。

(3) 掌握气门传动组的功用和组成。

(4) 掌握凸轮轴的功用、组成及分类。

(5) 掌握挺柱、挺杆、摇臂组件的功用、组成及分类。

2. 技能知识

(1) 气门组的拆装。

(2) 气门传动组的拆装。

(3) 凸轮轴的拆装。

(4) 摇臂组件的拆装。

任务一　配气机构的概述

【任务理论】

1. 配气机构

1）功用

按照发动机工作顺序和工作循环的要求，定时开启和关闭各缸的进、排气门，使新气进入汽缸，废气从汽缸排气口排出。

进入汽缸内的新气数量即进气量对发动机性能的影响很大，进气量越多，发动机的有效功率和转矩越大。因此，配气机构首先要保证进气充分，进气量尽可能地多；同时，废气要排除干净，因为汽缸内残留的废气越多，进气量将会越少。

2）组成

目前，四冲程汽车发动机都采用气门式配气机构，气门式配气机构由气门组和气门传动组两部分组成，如图 3－1－1 所示。

每组的零件组成则与气门的位置、凸轮轴的位置和气门驱动形式等有关。现代汽车发动机均采用顶置气门，即进、排气门置于汽缸盖内，倒挂在汽缸顶上。

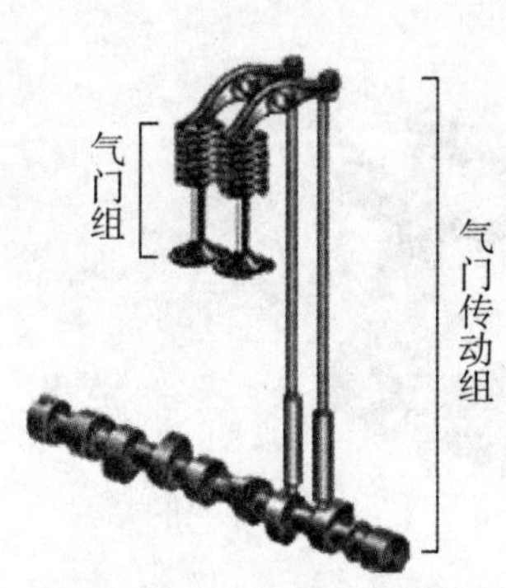

图 3－1－1　气门式配气机构

图 3－1－2　按气门布置位置分类

3）分类

（1）按气门的布置位置不同，配气机构可分为气门侧置式和气门顶置式两种形式，如图 3－1－2所示。

（2）按凸轮轴的布置位置不同，配气机构可分为凸轮轴下置式、凸轮轴中置式和凸轮轴上置式三种，如图 3-1-3 所示。

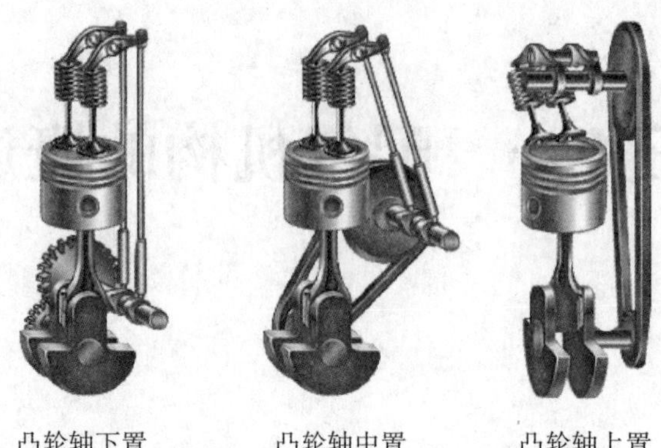

图 3-1-3　按凸轮轴布置位置分类

(3) 按曲轴与凸轮轴的传动方式不同，配气机构可分为齿轮传动式、链条传动式和齿形带传动式，如图 3-1-4 所示。

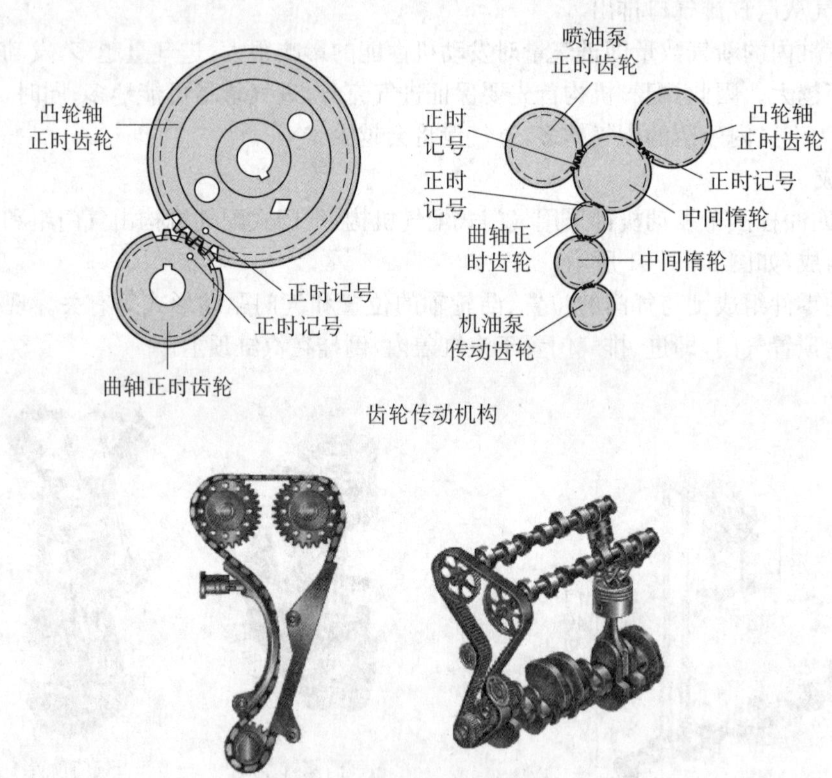

图 3-1-4　按曲轴与凸轮轴传动方式分类

(4) 按每缸气门的数目不同，配气机构可分为二气门式和多气门式等。一般发动机都采用每缸两个气门，即一个进气门和一个排气门的结构。现代很多新型汽车发动机上多采用每缸四个气门结构，即两个进气门和两个排气门。

(5) 按气门驱动方式不同,配气机构可分为摇臂驱动和直接驱动。

【任务检查】

1. 简述配气机构的功用及组成。
2. 简述配气机构可按哪些方式分类。

【任务评估】

序号	学习内容	评价标准			
		了解	掌握	可指导操作	可独立操作
1	配气机构的功用				
2	配气机构的组成				
3	配气机构的分类				

任务二　气门组的结构原理与拆装

【任务理论】

1. 气门组

1）功用

气门组的作用是封闭进、排气道。

2）组成

气门组由气门、气门锁片、气门弹簧、气门油封、气门弹簧座等组成，如图 3-2-1 所示。

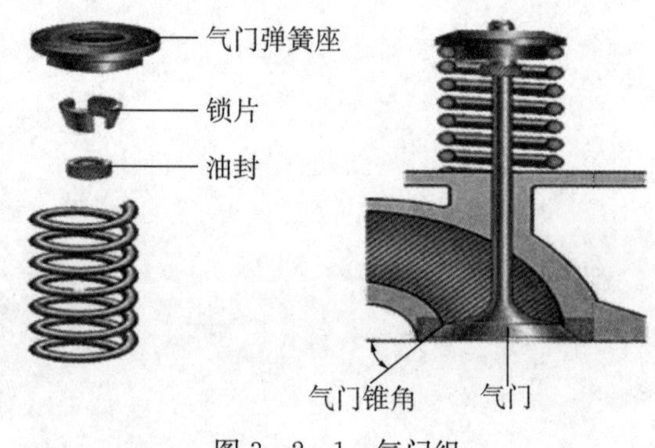

图 3-2-1　气门组

3）满足要求

气门组应保证气门能够实现汽缸的密封，因此要满足以下四点。

(1) 气门头部与气门弹簧座贴合严密。

(2) 气门导管对气门的上下运动有良好的导向作用。

(3) 气门弹簧的两端面与气门杆的中心线相垂直，以保证气门头在气门弹簧座上不偏斜。

(4) 气门弹簧的弹力足以克服气门及其传动件的运动惯性力，使气门能迅速关闭，并保证气门被紧压在气门弹簧座上。

2. 气门

1）工作条件

气门的工作条件非常恶劣。气门直接与高温燃气接触，受热严重，而散热困难，因此气门温度很高；气门承受气体力和气门弹簧力的作用，以及由于配气机构运动件的惯性力使气门落座时受到冲击。

2）构造

汽车发动机的进、排气门均为菌形气门，由气门头部和气门杆两部分构成，如图 3－2－2 所示。

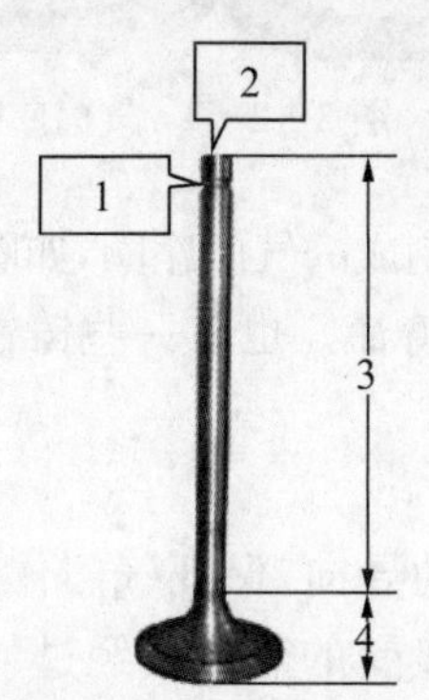

图 3－2－2　气门构造

1—气门锁夹槽；2—气门尾端面；3—气门杆；4—气门头部

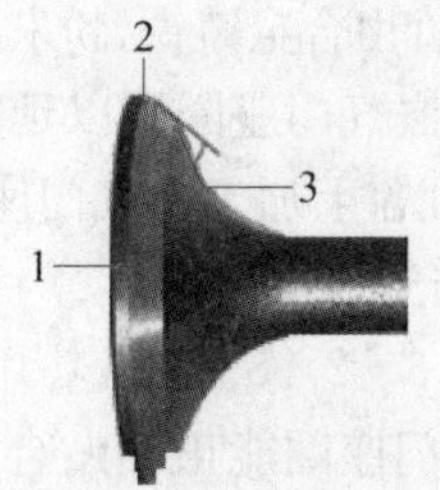

图 3－2－3　气门锥角

1—气门顶面；2—气门锥面；3—气门锥角

气门与气门座和气门座圈之间靠锥面密封。气门锥面与气门顶面之间的夹角称为气门锥角，如图 3－2－3 所示。

气门顶面有平顶、凹顶和凸顶等形状（见图 3－2－4）。目前应用最多的平顶气门，其结构简单，制造方便，受热面积小，进、排气门都采用这种形式。

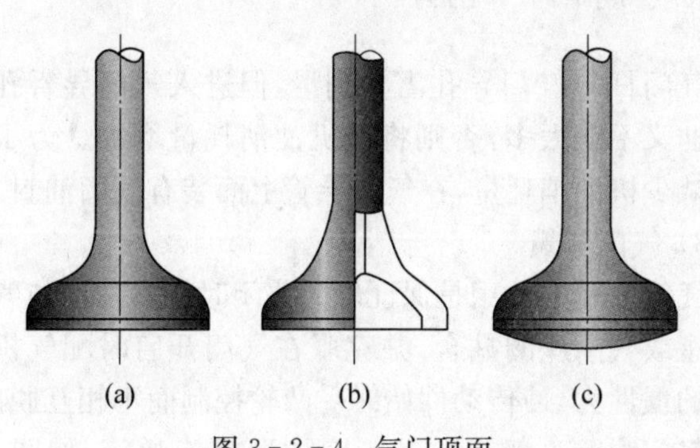

图 3－2－4　气门顶面

（a）平顶　（b）凹顶　（c）凸顶

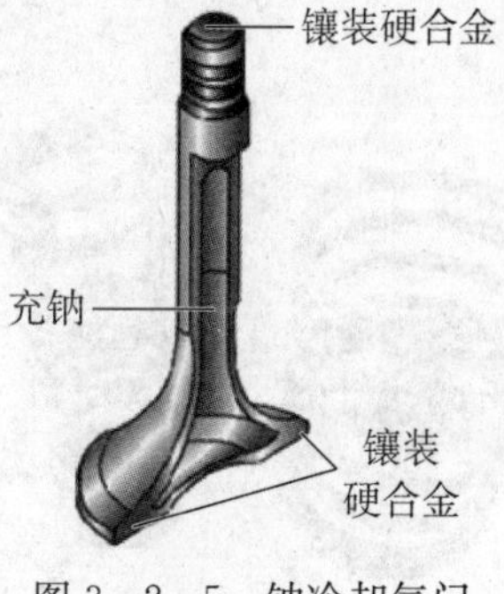

图 3－2－5　钠冷却气门

在某些高度强化的发动机上采用中空气门杆的气门，旨在减轻气门质量和减小气门运动的惯性力。为了降低排气门的温度，增强排气门的散热能力，在许多汽车发动机上采用钠冷却气门，如图 3－2－5 所示。

3. 气门组组件

1）气门座与气门座圈

汽缸盖上与气门锥面相贴合的部位称为气门座，如图 3－2－6 所示。

气门座的温度很高，又承受频率极高的冲击载荷，容易磨损。因此，铝汽缸盖和大多数

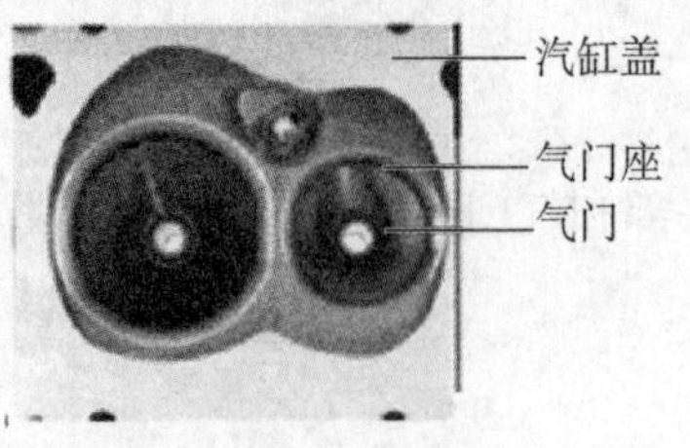

图 3-2-6　气门座

图 3-2-7　气门座圈

铸铁汽缸盖均镶嵌着由合金铸铁、粉末冶金或奥氏体钢制成的气门座圈，如图 3-2-7 所示。

在汽缸盖上镶嵌气门座圈可以延长汽缸盖的使用寿命。也有一些铸铁汽缸盖不镶嵌气门座圈，直接在汽缸盖上加工出气门座。

2）气门导管与气门油封

气门导管如图 3-2-8 所示，功用是对气门的运动导向，保证气门作直线往复运动，使气门与气门座和气门座圈能正确贴合。此外，气门杆接受的热量会经过气门导管部分地传给汽缸盖。气门导管的工作温度较高，而且润滑条件较差，靠配气机构工作时飞溅起来的机油来润滑气门杆和气门导管孔。

图 3-2-8　气门导管与气门油封

气门杆与气门导孔需要润滑，但进入气门导管孔内的机油又不能太多，否则将使机油消耗量增加。为了控制和减少机油消耗量，在气门导管上面装有气门油封。

图 3-2-9　气门弹簧

3）气门弹簧

气门弹簧的功用是保证气门关闭时能紧密地与气门弹簧座或气门座圈贴合，并克服在气门开启时配气机构产生的惯性力，使传动件始终受凸轮控制而不相互脱离。

气门弹簧一般为等螺距圆柱形螺旋弹簧，如图 3-2-9 所示。

图 3-2-10　气门弹簧座与锁片

4）气门弹簧座与气门锁片

气门杆与弹簧连接有两种方式：一是锁夹式，即在气门杆端部的沟槽上装有两个半圆形锥气门弹簧座锁片形锁夹，弹簧座紧压锁夹，使其紧箍在气门杆端部，从而使弹簧座、锁夹与气门连接成一个整体，与气门一起运动；二是以锁销代替锁夹进行连接。气门弹簧座与锁片如图 3-2-10所示。

【任务实训】

1. 气门组的拆卸

(1) 将汽缸盖总成平放在工作台上，如图 3-2-11 所示。

图 3-2-11　放置汽缸盖

图 3-2-12　取出液压挺柱

(2) 取出各缸的液压挺柱(见图 3-2-12)，拆卸时将液压挺柱做标记，液压挺柱不可互换。

(3) 用气门弹簧拆装钳将气门弹簧座压下，取出气门锁片和气门弹簧，如图 3-2-13 所示。注意：气门弹簧座锥形孔下沿口非常锋利，可能会损伤气门杆。损伤的气门应予更换，必要时在安装前就去除气门座毛边。

图 3-2-13　取出气门锁片和弹簧

图 3-2-14　取出进排气门

(4) 取出各缸的进、排气门(见图 3-2-14)，拆卸时将气门必须做上标记，气门不可互换。

(5) 用气门油封钳取出气门油封，如图 3-2-15 所示。

图 3-2-15　取出气门油封

图 3-2-16　取出气门导管

(6) 用大小合适的冲头和手锤将气门导管轻轻击出，如图 3-2-16 所示。

2. 气门组的装配

(1) 安装气门前应检查气门和导管的配合间隙,其值应为 0.035～0.07 mm。

(2) 气门导管装上新的气门油封,安装气门油封时,要套上塑料管,再用专用工具压入。

(3) 装上气门弹簧座。

(4) 在气门杆部涂以机油,插入气门导管,注意不要损伤油封。

(5) 装上气门弹簧(弹簧旋向相反)和锁片,锁片装好后,用塑料锤轻敲几下,以确保锁止可靠。

3. 气门组拆装的注意事项

(1) 要在冷态时拆装气门组。

(2) 拆解气门组螺栓时使用的工具是扭力扳手。

(3) 按照维修手册的拆装顺序和扭力拆装各螺栓。

(4) 拆装气门弹簧时要使用专用工具。

(5) 按照维修手册的要求更换螺丝、垫片、油封等,安装时注意不要损伤新的气门油封。

(6) 安装气门弹簧时,要注意内外弹簧的旋向要相反。

(7) 气门拆卸时要防止气门压缩器滑落而导致气门锁片脱落,可能对人员造成伤害。

【任务检查】

1. 简述气门组的功用及组成。
2. 分步骤简述如何进行气门组的拆装,有哪些注意事项。

【任务评估】

序号	学习内容	评价标准			
		了解	掌握	可指导操作	可独立操作
1	气门组的功用及组成				
2	气门的构造				
3	气门组组件的认识				
4	气门组的拆装				

任务三　气门传动组的结构原理与拆装

【任务理论】

1. 气门传动组

1）功用

气门传动组的作用是使进、排气门按配气相位规定的时刻开启和关闭。

2）组成

气门传动组主要由正时带轮、带轮导轮、正时带、凸轮轴正时带轮、张紧轮、辅助齿轮、齿轮弹簧、驱动齿轮、进排气凸轮轴和气门挺柱等组成，如图 3-3-1 所示。

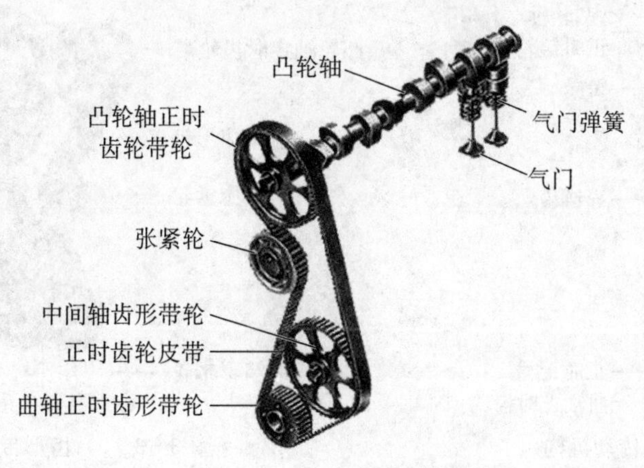

图 3-3-1　气门传动组

2. 凸轮轴(见图 3-3-2)

1）功用

凸轮轴的作用是使气门按一定的工作次序和配气相位及时开启和关闭，并保证气门有足够的升程。

2）组成

凸轮轴主要由凸轮、轴颈等组成，凸轮分为进气凸轮和排气凸轮。

图 3-3-2　凸轮轴

3）工作条件

凸轮轴是重要的传动部件，因此要能够承受周期性的冲击载荷。

由于凸轮轴是通过凸轮轴轴颈支承在凸轮轴轴承孔内的，因此凸轮轴轴颈数目的多少是影响凸轮轴支承刚度的重要因素。

4）传动机构

凸轮轴由曲轴驱动，其传动机构有齿轮传动机构、链传动机构及齿形带传动机构。

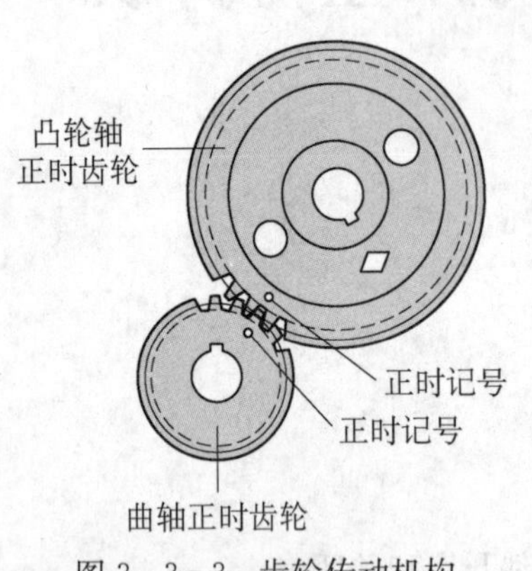

图 3-3-3　齿轮传动机构

齿轮传动机构（见图 3-3-3）用于下置式和中置式凸轮轴的传动。

链传动机构（见图 3-3-4）用于中置式和上置式凸轮轴的传动，尤其是上置式凸轮轴广泛被高速汽油发动机的链传动机构采用。

齿形带传动机构（见图 3-3-5）用于上置式凸轮轴的传动。为了确保传动可靠，齿形带需保持一定的张紧力，因此在齿形带传动机构中也设置有由张紧轮与张紧弹簧组成的张紧器。

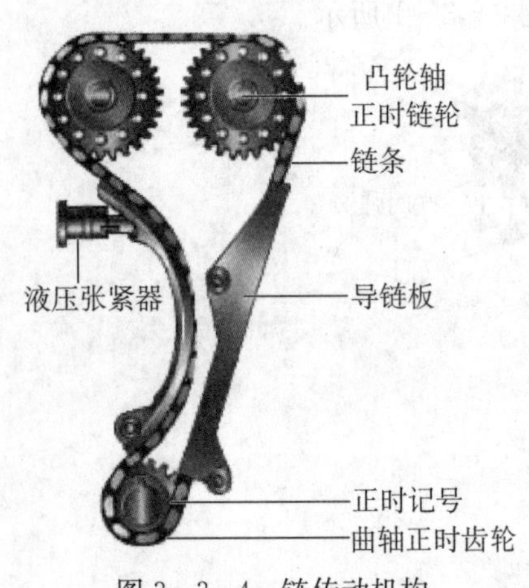

图 3-3-4　链传动机构

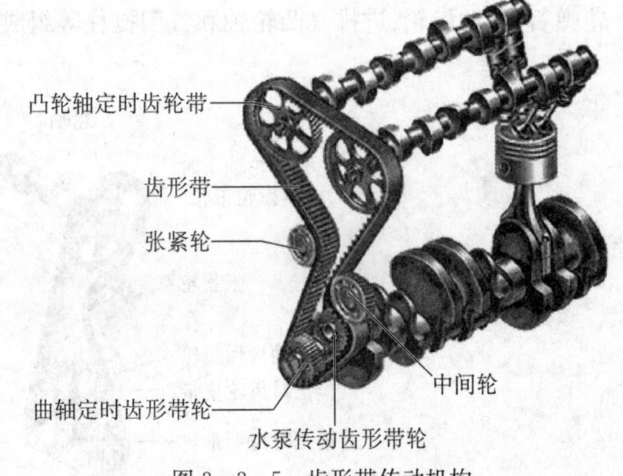

图 3-3-5　齿形带传动机构

3. 挺柱

1）功用

挺柱是凸轮的从动件，其功用是将来自凸轮的运动和作用力传给推杆或气门，同时还承受凸轮所施加的侧向力，并将其传给机体或汽缸盖。

2）分类

挺柱可分为机械挺柱和液压挺柱两大类，每一类中又有平面挺柱和滚子挺柱等多种结构形式。

（1）机械挺柱（见图 3-3-6）。

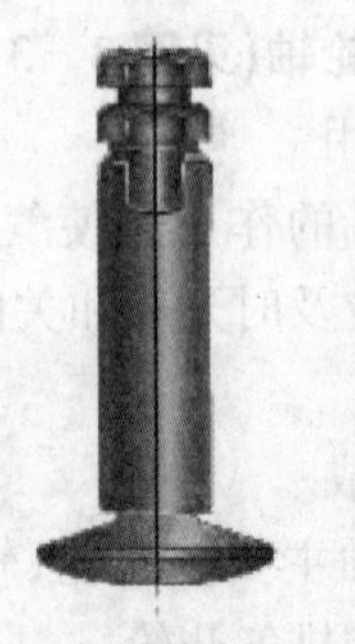
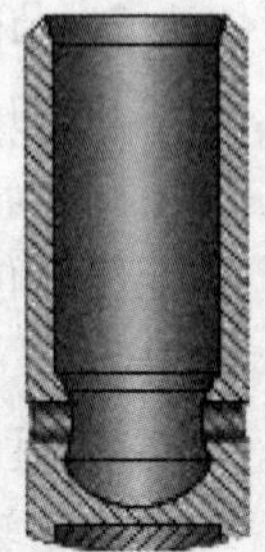
图 3-3-6　机械挺柱

机械挺柱结构简单，质量轻，在中小型发动机中应用比较广泛。

挺柱上的推杆球面支座的半径比推杆球头半径略大，以便在两者中间形成楔形油膜来润滑推杆球头和挺柱上的球面支座。

(2) 液压挺柱。

在配气机构中预留气门间隙将使发动机工作时配气机构产生撞击和噪声。为了消除这一弊端，有些发动机尤其是轿车发动机采用液压挺柱，以实现零气门间隙。气门及其传动件因温度升高而膨胀，或因磨损而缩短，都会由液压作用来自行调整或补偿。

液压挺柱由挺柱体、柱塞、单向阀和柱塞弹簧等组成，如图 3-3-7 所示。

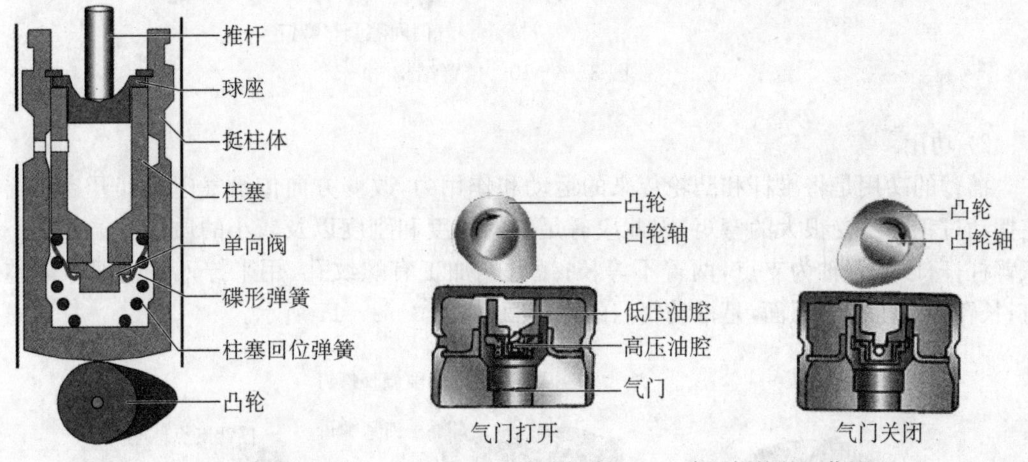

图 3-3-7　液压挺柱　　图 3-3-8　液压挺柱的工作原理

在挺柱体中装有柱塞，在柱塞上端有压力推杆支座。柱塞被柱塞弹簧向上推压，其极限位置由卡夹限定。柱塞下端的单向阀保持架内装有单向阀弹簧和单向阀。发动机润滑系统中的机油经进油孔进入内油腔。

挺柱顶面与凸轮轴的凸轮直接接触，液压缸底面与气门杆尾端接触，如图 3-3-8 所示。

气门打开的过程：当凸轮凸起处与挺柱顶面接触时，挺柱受凸轮推动力和气门弹簧力的作用而下移，高压油腔内的机油被压缩，单向阀在压力差和单向阀弹簧的作用下关闭，高低油腔被球阀分隔开。

气门关闭的过程：凸轮继续转动，当凸轮凸起部分转过后又恢复凸轮基圆与挺柱接触，气门落座，挺柱不再受凸轮推动力和气门弹簧的作用，高压油腔中的压力油与回位弹簧推动柱塞上行，高压油腔的压力下降，单向阀打开，低压油腔中的机油流入高压油腔，使两腔连通。

4. 推杆

推杆处于挺柱和摇臂之间，其功用是将挺柱传来的运动和作用力传给摇臂(见图 3-3-9)。在凸轮轴下置式的配气机构中，推杆是一个细长杆件，加上传递的力很大，所以极易弯曲。因此，要求推杆有较好的纵向稳定性和较大的刚度。

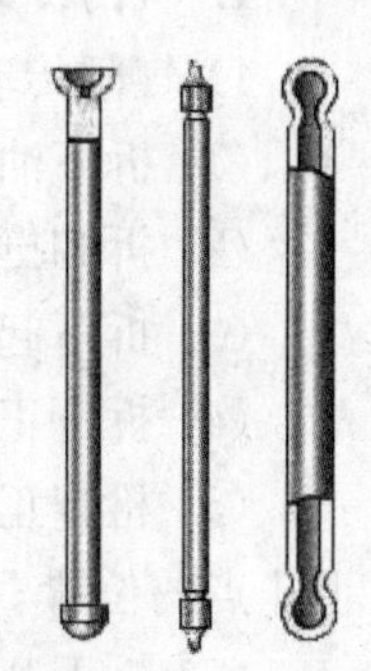

图 3-3-9　推杆

5. 摇臂组件

1）组成

摇臂组件主要有摇臂、摇臂轴、摇臂支座、气门间隙调整螺钉和定位弹簧等，如图 3-3-10 所示。

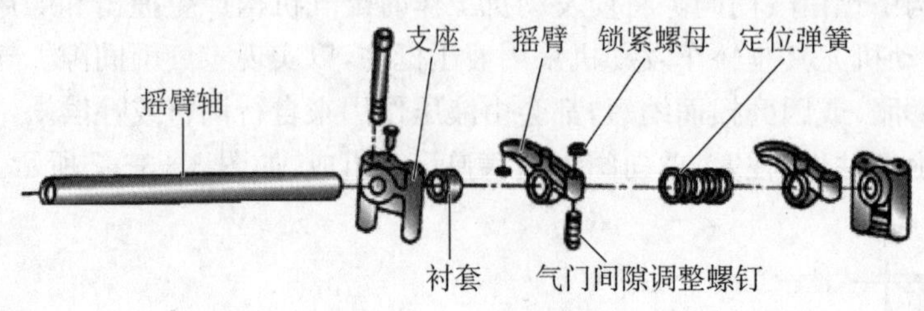

图 3-3-10　摇臂结构

2）功用

摇臂的功用是将推杆和凸轮传来的运动和作用力，改变方向传给气门使其开启。摇臂在摆动过程中承受很大的弯矩，因此应有足够的强度和刚度以及较小的质量。摇臂是一个双臂杠杆，以摇臂轴为支点，两臂不等长；短臂端加工有螺纹孔，用来拧入气门间隙调整螺钉；长臂端加工成圆弧面，是推动气门的工作面，如图 3-3-11 所示。

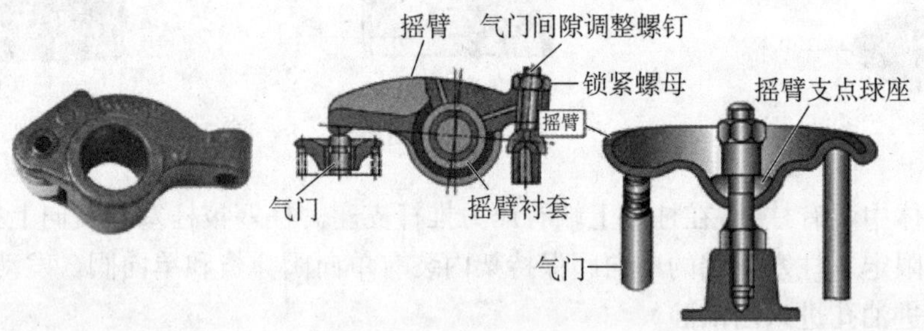

图 3-3-11　摇臂

【任务实训】

1. 气门传动组的拆装

1）气门传动组的拆卸

(1) 拆下油底壳、机油泵及其传动机件。

(2) 拆卸挺杆室盖及密封垫，取出挺杆应依缸号顺序放置，以便对号安装。

(3) 拆下起动爪，用拉力器拆卸皮带轮。

(4) 拆下正时齿轮室盖及衬垫。

(5) 检查正时齿轮安装记号，无记号时应做出相应装配记号，即标出活塞位于压缩行程上止点的位置。

(6) 拆下凸轮轴止推凸缘固定螺钉，平稳地将凸轮轴抽出，注意正时齿轮可不拆卸。

(7) 用铳子将缸体后端碗形堵塞铳下，拆下凸轮轴轴承并依次放好。

2）气门传动组的装配

（1）安装前，各零部件应保持清洁并按顺序放好。

（2）将凸轮轴轴承依次装入缸体座孔内。注意：各轴承油孔与座孔油孔对正，2、4两道轴承上各有两个油孔，一个通主油道，另一个通向缸盖油道。

（3）安装凸轮轴。

（4）安装气门挺杆。安装时挺杆上涂润滑油且对号入座；挺杆装入后应能在挺杆孔内均匀自由地转动和上下移动。

（5）装复正时齿轮室盖、曲轴皮带轮及起动爪。

（6）装复机油泵及附件，装复油底壳。

3）气门传动组拆装的注意事项

（1）要在冷态时拆装气门传动组。

（2）拆卸气门传动组螺栓时，要使用扭力扳手。

（3）按照维修手册的拆装顺序和扭力拆装各螺栓。

（4）拆卸正时机构和飞轮时，注意相关正时记号。

（5）拆卸凸轮轴螺栓时要按照由外到内、先两端后中间、交叉对称的顺序分次地拆卸，安装时按照与之相反的顺序进行。禁止一次拧松或拧紧一个螺栓。

（6）拆下气门挺柱后，要使其工作面朝下顺序摆放，安装时要灌满机油。

2. 凸轮轴的拆装

1）凸轮轴的拆卸

拆卸之前应确保曲轴正时带轮和凸轮轴正时齿带轮对准相应的正时标记，然后拆下正时齿带，再按照以下步骤拆卸凸轮轴。

（1）旋松正时齿带轮螺栓，拆下凸轮轴正时齿带轮。这样可以防止在拆卸凸轮轴时损坏霍尔传感器。

（2）拆下正时齿轮上、下护罩。

（3）将曲轴置于第一缸上止点位置，放松取下齿形胶带。

（4）拆下凸轮轴齿轮，并取出齿轮的半圆键。

（5）拆下气门室罩盖。

（6）拆下凸轮轴轴承盖紧固螺母，其顺序先松第1、3、5号轴承盖，然后按对角交替方式旋松第2、4号轴承盖螺母，最后拆下凸轮轴（见图3-3-12）。

2）安装凸轮轴

（1）安装凸轮轴时，第一缸凸轮必须朝上。安装前放上轴承盖，确定安装位置，注意孔的上下两半部分要对准。凸轮轴转动时，曲轴不可置于上止点位置，否则会损坏气门和活塞顶部。

（2）先对角交替拧紧第2、4号轴承盖螺栓，拧紧力矩为20 N·m。

（3）装上第1、3、5号轴承盖，其螺栓拧紧力矩为20 N·m。

（4）装入凸轮轴正时齿带轮并紧固，拧紧力矩为80 N·m。

3. 摇臂组件的拆装

1）摇臂组件的拆卸

（1）旋松每个摇臂上的调整螺钉。

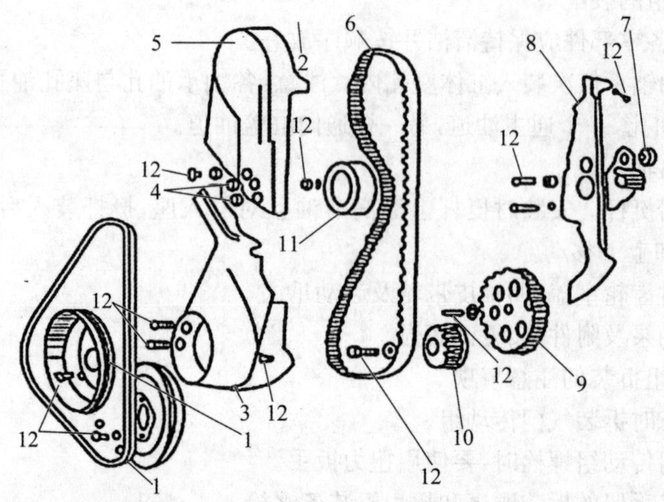

图 3-3-12　皮带盘、齿形胶带的拆卸

1—三角皮带；2—皮带轮；3—下护罩；4、7—堵塞；5—上护罩；6—齿形皮带；8—后护罩；9—中间轴齿轮；10—曲轴齿轮；11—张紧轮；12—拆卸螺钉

(2) 旋松摇臂轴托架上的短螺栓和垫圈。

(3) 旋松摇臂轴托架的长螺栓。

(4) 将螺栓从摇臂轴托架上拆下。

(5) 将短螺栓和垫圈从摇臂轴托架上拆下。

(6) 将摇臂轴组件从缸盖上拆下。

注意:在拆卸的过程中要检查调整螺钉的接触面是否被推杆磨损以及有无损坏的螺纹。必要时,更换磨损或有损坏的螺钉。

在推杆上作出识别标记,以便于确定推杆在发动机中的位置。检查推杆有无端部磨损以及是否变形。必要时,更换磨损或变形的推杆。

(7) 将气门盖从气门杆上拆下,这样可以防止气门盖丢失。

注意:检查气门盖的接触面有无磨损,并检查有无堵塞的油道。

2) 摇臂组件的装配

(1) 将摇臂、摇臂轴、摇臂轴支座等清洗干净,并检查各机件油孔是否畅通。

(2) 将摇臂轴涂上润滑油,按规定次序将摇臂轴支座、摇臂、定位弹簧等装在摇臂轴上。

(3) 将推杆放入挺杆凹座内,拧松摇臂上气门间隙调整螺栓。然后固定摇臂机构,自中间向两端均匀固定,达到规定扭紧力矩。

(4) 支座固定后,摇臂应能灵活转动。

【任务检查】

1. 简述气门传动组的组成与功用。

2. 分步骤简述如何进行凸轮轴的拆装,有哪些注意事项。

【任务评估】

序号	学习内容	评价标准			
		了解	掌握	可指导操作	可独立操作
1	气门传动组的功用和组成				
2	凸轮轴的功用、组成及分类				
3	挺柱的功用及分类				
4	挺杆的功用				
5	摇臂组件的功用及组成				
6	气门传动组的拆装				
7	凸轮轴的拆装				
8	摇臂组件的拆装				

项目四

燃油供给系统

【导航】

发动机是将热能转化为机械能的机器，也就是将燃料燃烧的热能转化为机械能并对外输出动力。汽油发动机的燃油供给系统是将汽油和空气按照比例混合后送入汽缸，然后靠火花塞点火后燃烧，完成做功。燃油供给系统出现故障，将造成发动机启动困难、动力不足、熄火等故障。所以掌握燃油供给系统的组成、结构、工作原理及其零部件的拆装至关重要。

【计划】

1. 理论知识

(1) 了解汽油发动机燃油供给系统的组成及功用。

(2) 掌握汽油发动机燃油供给系统空气供给装置、燃油供给装置、控制装置的组成、功用及工作原理。

2. 技能知识

(1) 空气供给装置的拆装。

(2) 燃油供给装置的拆装。

(3) 控制装置的拆装。

任务一　燃油供给系统综述

【任务理论】

汽油发动机电子控制燃油供给系统通常由空气供给装置、燃油供给装置、点火装置和电子控制装置四部分组成。其中，电子控制系统是核心，主要由传感器、电子控制单元(ECU)和执行器三大部分组成。传感器可将发动机各种状态的物理量转换成相应的电信号送给ECU，ECU综合处理这些电信号后，送出控制数据，执行器将ECU送出的控制数据转换成物理或机械动作，以改变发动机的工作状态。

1. 燃油供给系统的功用

燃油供给系统的功用是根据发动机运转工况的需要，向发动机不断输送滤清的燃油和清洁的新鲜空气，以便配制出一定数量和浓度的可燃混合气供入汽缸。同时，燃油供给系统还需要储存相当数量的汽油，以保证汽车有充足的驾驶里程。图4-1-1为双燃料汽油发动机燃料供给系统。

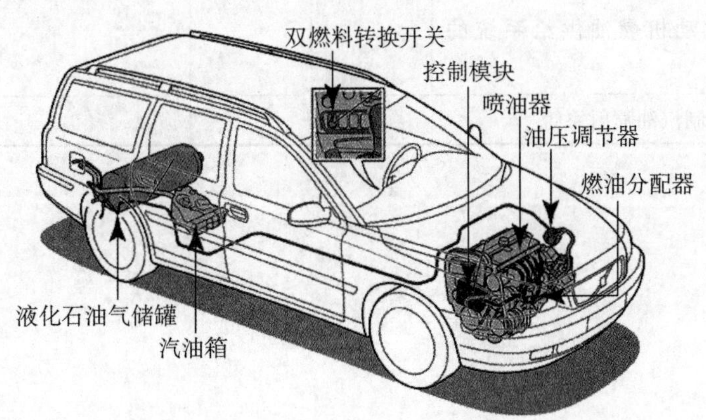

图4-1-1　双燃料汽油发动机燃料供给系统

2. 燃油供油系统的类型

现代汽油发动机燃油供给系统一般采用汽油喷射式燃油系统。电子控制汽油喷射(Electronic Fuel Injection，EFI)系统是在恒定的压力下，利用喷油器将一定数量的汽油直接喷入汽缸或进气管道内的汽油发动机燃料供给装置。

电子控制汽油喷射系统主要由空气供给装置、燃油供给装置、控制装置组成(见图4-1-2)。

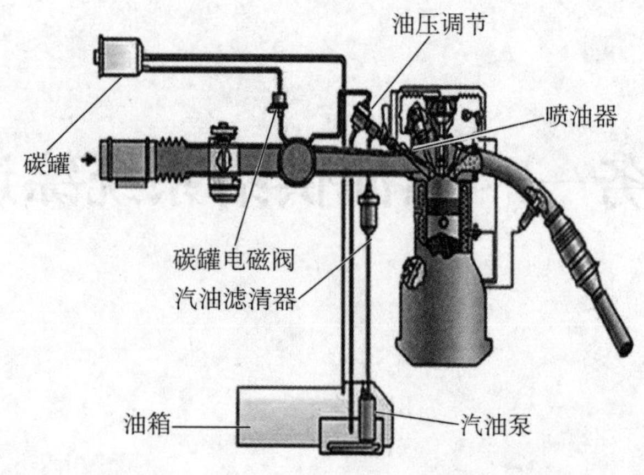

图 4-1-2　电子控制汽油喷射系统

【任务检查】

简述汽油发动机燃油供给系统的功用和类型。

【任务评估】

序号	学习内容	评价标准			
		了解	掌握	可指导操作	可独立操作
1	汽油发动机燃油供给系统的功用				
2	电子控制汽油喷射系统				

任务二　空气供给装置的结构原理及拆装

【任务理论】

空气供给装置主要包括空气流量计、怠速控制阀和节气门等，如图 4-2-1 所示。

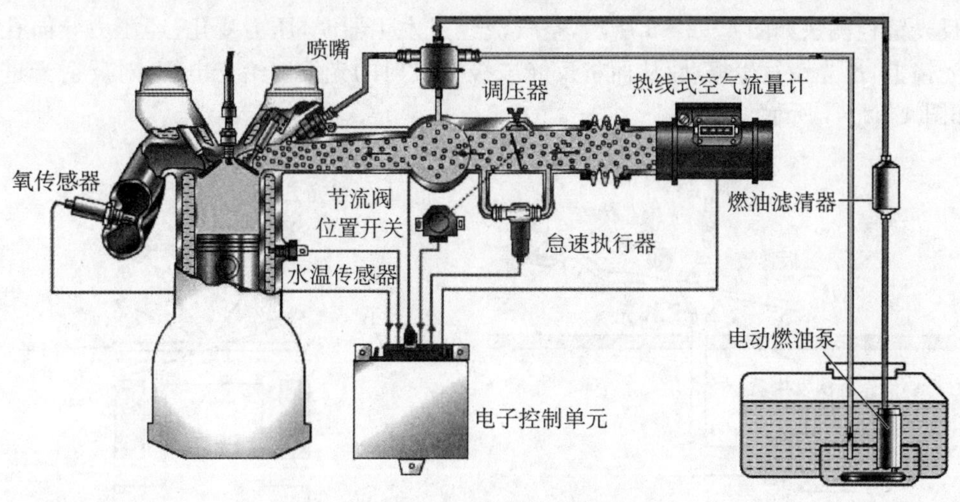

图 4-2-1　空气供给装置

1. 空气流量计(AFS)

1）功用

空气流量计的功用是测量进入发动机的空气流量，并将测量的结果转换为电信号传输给电控单元。空气流量计可分为两种：一种是直接测量空气体积的流量计，有叶片式、卡门涡流式两种；另一种是直接测量空气质量的流量计，有热线式和热膜式两种。

2）分类及工作原理

(1) 叶片式空气流量计。叶片式空气流量计结构如图 4-2-2 所示。在没有空气流过的情况下，弹簧总是使叶片处于关闭主流道的位置。进气量越大，气流对叶片的推力越大，叶片的开启角度也就越大。叶片上装有电位器，它把叶片开启角度的变化(即进气量的改变)转变成电阻值大小的变化。电位器与电控单元相连，电控单元根据电位器电阻的变化或作用在电位器上电压的变化，测算出发动机进气管空气量的多少。

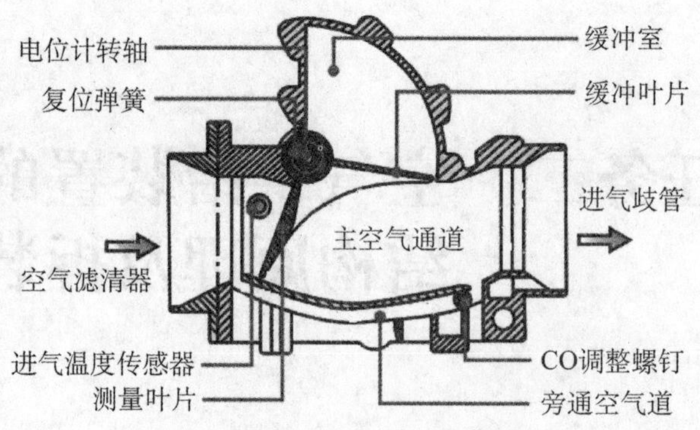

图 4-2-2　叶片式空气流量计

(2) 卡门涡流式空气流量计。当空气流过卡门旋涡发生器时，在其后部将会不断产生卡门旋涡。单位时间内产生的卡门旋涡的个数(既发生频率)与气流的速度有关，只要测出卡门旋涡的发生频率，便可知道空气流量的大小。卡门涡流式空气流量计的检测方式有反光镜检测法和超声波检测法两种。

反光镜检测法如图 4-2-3 所示，空气流经过发生器时，压力变化，经压力导向孔作用在反光镜上，反光镜发生振动，从而将反光二极管投射的光发射给光电管，对反射光进行检测，如图 4-2-4 所示。

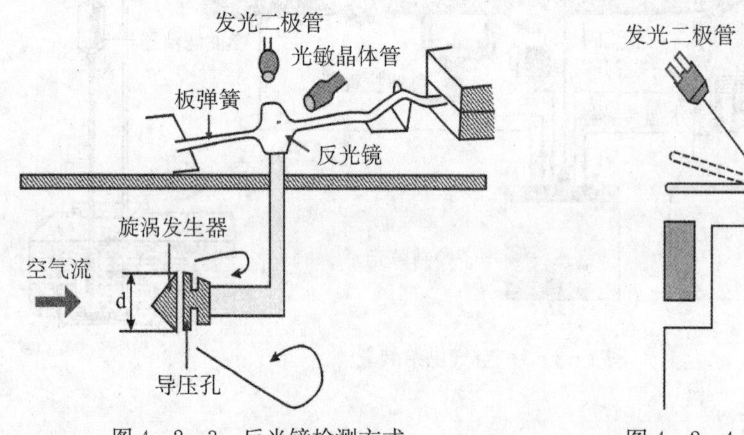

图 4-2-3　反光镜检测方式

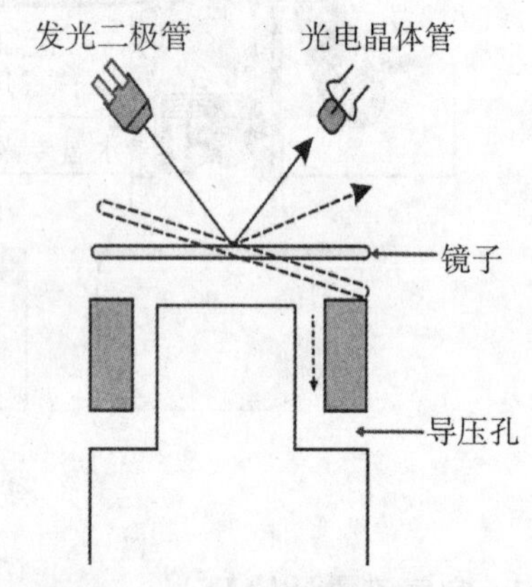

图 4-2-4　反光镜检测方式原理

超声波检测法如图 4-2-5 所示，卡门涡旋造成空气密度变化，受其影响，信号发生器发出的超声波到达接收器的时机或变早或变晚，测出其相位差，利用放大器使之形成矩形波，矩形波的脉冲频率即为卡门涡旋的频率。

(3) 热线式空气流量计结构如图 4-2-6 所示，在进气道内套有一个测试管，小管架有一根极细的热线(铂金属丝)，在工作中铂金属丝被电流加热至 100℃以上，故称之为铂热线。

空气流过时，铂热线受到一定冷却，其电阻值随之减少，同时使电路的电压也发生变化，这一信号输入电控单元，用来指示通过空气流量计的空气量。

(4) 热膜式空气流量计的工作原理与热线式空气流量计相同，其结构如图 4-2-7 所示。

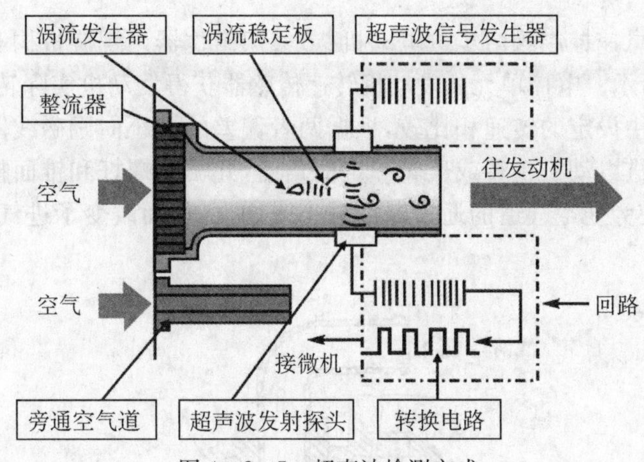

图 4-2-5　超声波检测方式

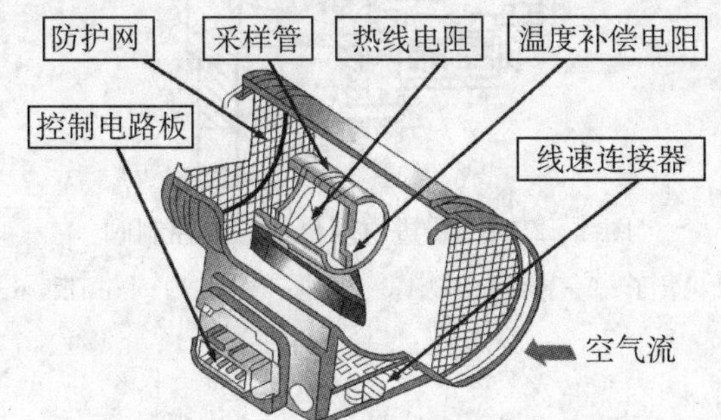

图 4-2-6　热线式空气流量计

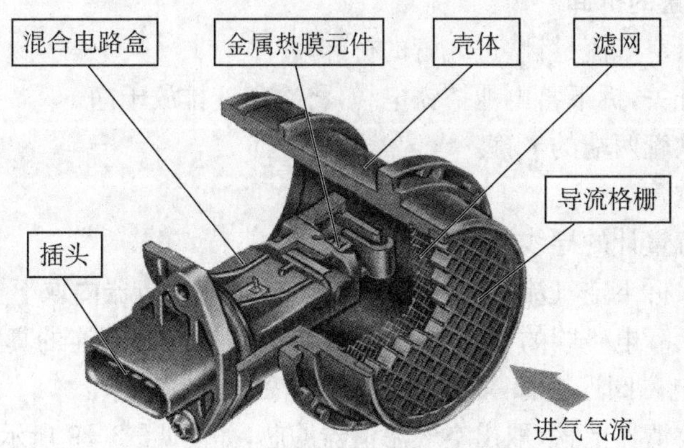

图 4-2-7　热膜式空气流量计

2. 怠速控制阀(IAC)

1）功用

怠速控制阀的功用是自动调节发动机的怠速转速。驾驶员踩下加速踏板,怠速开关触点打开。当怠速开关触点闭合时,电子控制单元通过此信号来判别怠速工况的开启。

2）工作原理

步进电动机式怠速控制阀由步进电动机（节气门定位器）、螺旋机构和锥面控制阀等组成，如图 4-2-8 所示。电控单元从发动机转速传感器获得发动机实际转速的信息，并将实际转速与预编程序中设定的转速相比较，根据两者偏差的大小向励磁线圈输出不同的控制脉冲电流。这时步进电动机正转或反转一定的角度，并驱动螺杆和锥面控制阀向前或向后移动一定的距离，使旁通空气道的通过断面减小或增大，从而改变了进气量，达到控制怠速转速的目的。

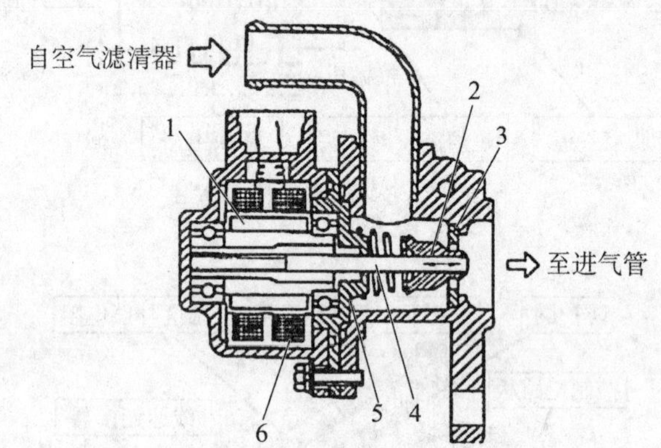

图 4-2-8　步进电动机式怠速控制阀

1—步进电动机转子；2—锥面控制阀；3—阀座；4—螺杆；5—挡板；6—励磁线圈

【任务实训】

1. 空气供给装置的拆卸

1）空气滤清器、空气流量计、进气管的拆卸

（1）断开点火开关，拆下蓄电池搭铁电缆，将冷却液排放干净。

（2）拧松进气软管两端的卡箍。

（3）拔下进气软管。

（4）拔下空气流量计的导线插接器。

（5）用专用扳手拆下空气流量计的固定螺栓，从空气滤清器内取下空气流量计。

（6）拔下活性炭罐电磁阀的导线插接器，拔下与活性炭罐相连的真空管，从空气滤清器侧面拔下活性炭罐电磁阀连接管，取下活性炭罐电磁阀。

（7）拆下空气滤清器上盖，取出空气滤清器滤芯，如图 4-2-9 所示。

（8）拆下滤清器壳体固定螺栓，取下隔套和橡胶套，拆下隔热板，拆下滤清器体，取下垫块。

2）汽油蒸发控制装置的拆卸

汽油蒸发控制装置如图 4-2-10 所示，其拆卸步骤如下所述。

（1）拆下活性炭罐电磁阀。

（2）拆下左前轮罩的挡泥板。

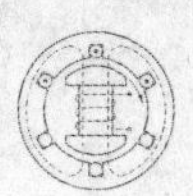

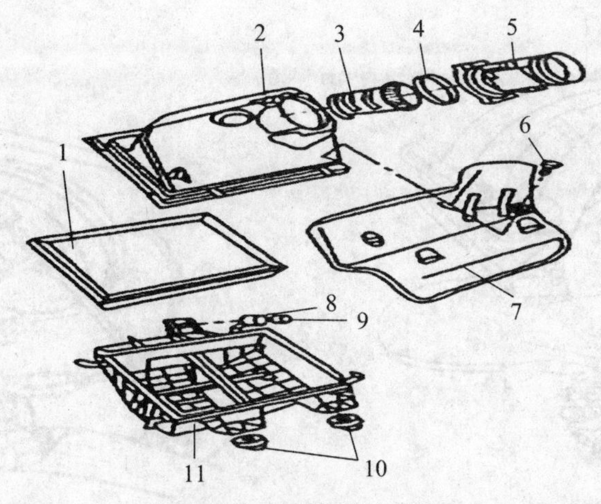

图 4-2-9　空气滤清器

1—滤芯；2—滤清器盖；3—空气管；4—卡箍；5—空气流量计；
6—螺栓；7—隔热板；8—橡胶套；9—隔套；10—垫块；11—滤清器体

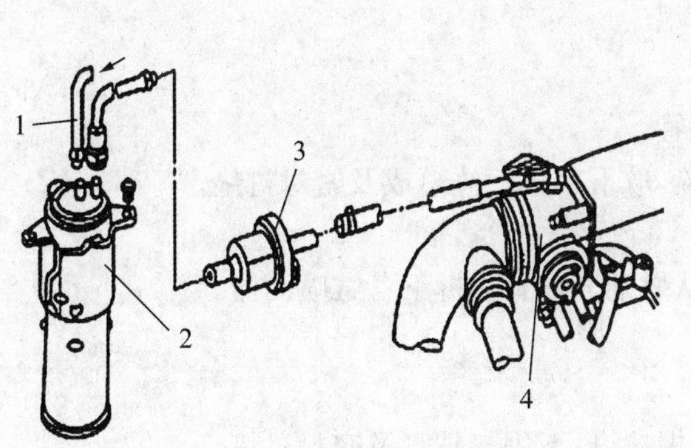

图 4-2-10　汽油蒸发控制装置

1—油箱蒸气管；2—活性炭罐；
3—活性炭罐电磁阀；4—节气门体

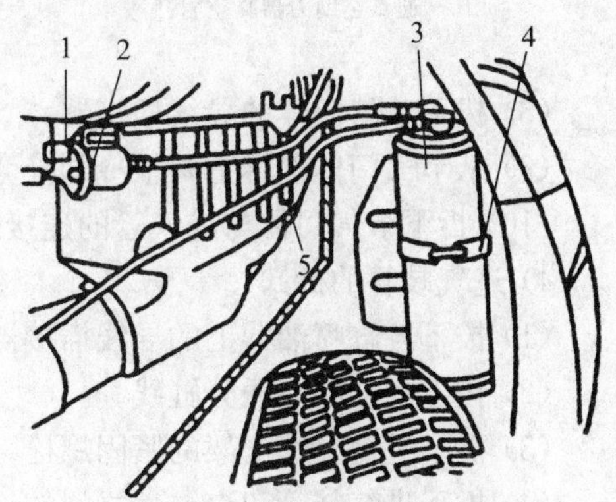

图 4-2-11　活性炭罐位置

1—真空管；2—活性炭罐电磁阀；3—活性炭罐；
4—卡箍；5—油箱蒸气管

(3) 从活性炭罐上拔下汽油箱蒸气管及与活性炭罐电磁阀相连的真空管。

(4) 松开活性炭罐卡箍，拆下活性炭罐，活性炭罐位置如图 4-2-11 所示。

3) 节气门的拆卸

节气门结构如图 4-2-12 所示，其拆卸步骤如下所述。

(1) 拆下曲轴箱通风管。

(2) 拆下汽缸盖后的小软管。

(3) 拆下汽缸盖冷却液管凸缘和上冷却液管之间的冷却液软管。

(4) 拆下上冷却液管与散热器之间的冷却液软管。

(5) 拔下真空助力器真空管。

(6) 拔下进气温度传感器的导线插接器，拆下进气温度传感器。

(7) 从节气门体上拆下节气门控制拉索和节气门拉索支架，如图 4-2-13 所示。

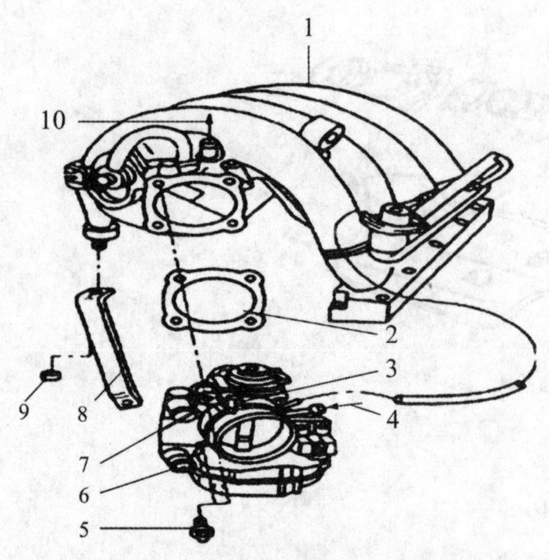

图 4-2-12　节气门体的结构

1—进气歧管；2—密封垫；3—节气门体；
4—通活性炭辅电磁阀真空管接头；5—螺栓；
6—水管接头 1；7—水管接头 2；8—支架；9—螺母；
10—通真空助力器真空管接头

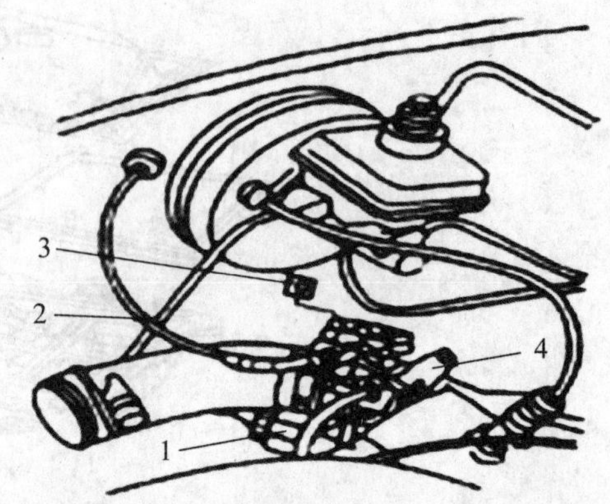

图 4-2-13　拆下节气门控制拉索

1—导线插接器；2—节气门控制拉索；
3—调整卡簧片；4—节气门拉索支架

(8) 拔下节气门体的导线插接器。

(9) 从节气门体上拆下两根冷却液旁通管。

(10) 拆下节气门体与进气管的连接螺栓，取下节气门体总成及密封衬垫。

4) 进气歧管的拆卸

(1) 拔下各缸喷油器上的导线插接器，从燃油分配管上拆下各缸喷油器。

(2) 拔下各缸的高压分缸线。

(3) 拆下进气歧管支架的紧固螺栓。

(4) 拆下进气歧管和汽缸盖之间的连接螺栓，拆下进气歧管及密封衬垫。

(5) 从进气歧管上拆下点火线圈总成。

2. 空气供给装置的装复

1) 装复进气歧管

(1) 将点火线圈总成装到进气歧管上。

(2) 装上进气歧管密封衬垫。

(3) 装上进气歧管，用 200 N·m 的力矩拧紧进气歧管连接螺母。

(4) 插上各缸的高压分缸线。

(5) 将各缸喷油器装到燃油分配管上，装好卡簧。

(6) 将燃油分配器总成装到进气歧管上，拧紧进气歧管支架的紧固螺栓。

(7) 插上喷油器上的导线插接器。

注意：进气歧管的密封衬垫凸起的一面要朝向进气歧管；各缸的高压分缸线不要插错。

2) 装复节气门体

(1) 装上密封衬垫及节气门体，如图 4-2-14 所示，用 20 N·m 的力矩拧紧节气门体上的连接螺栓。

(2) 装上冷却液旁通管。

(3) 插上节气门体的导线插接器。

(4) 装上节气门拉索支架，将节气门控制拉索装到节气门体的节气门控制臂上，插上节气门拉索调整卡簧片。

(5) 装上进气温度传感器，插上进气温度传感器的导线插接器。

(6) 装回真空助力器真空管。

(7) 装回上冷却液管与散热器之间的冷却液软管，装回缸盖后冷却液管凸缘和上冷却液管之间的冷却液软管。

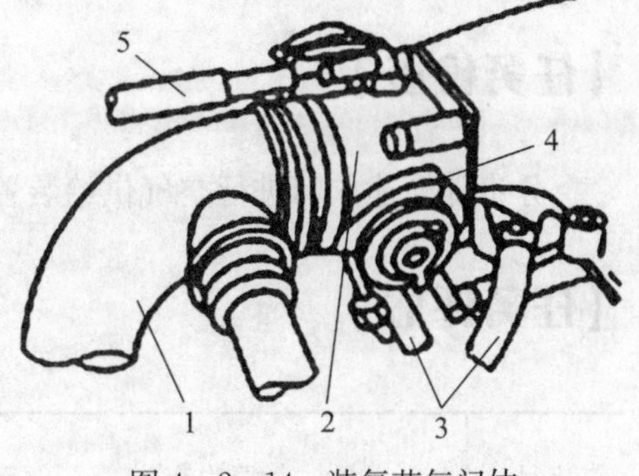

图 4-2-14　装复节气门体

1—进气歧管；2—节气门体；3—冷却液管；4—节气门控制臂；5—活性炭罐电磁阀真空管

(8) 装上汽缸盖后的软管和曲轴箱通风管。

注意：节气门拉索不能弯折，以免产生运动阻滞或折断；安装节气门拉索时，应使节气门拉索在各个支撑座和紧固点之间保持平直，通过变换支架上的卡板的位置来调整节气门拉索，使节气门杠杆能够达到节气门全开的位置；记住进气歧管、汽缸盖上各软管的连接位置，不要装错。

3) 装复空气滤清器、空气流量计、进气歧管

装复空气滤清器、空气流量计、进气歧管的步骤如下所述，图 4-2-15 为装复空气滤清器。

图 4-2-15　装复空气滤清器

(1) 装上隔套和橡胶套，装上隔热板，装回垫块，装上滤清器壳体。拧紧滤清器壳体固定螺栓。

(2) 装回空气滤清器滤芯，装上空气滤清器上盖。

(3) 装上空气流量计，用专用外花扳手拧紧空气流量计固定螺栓，插上空气流量计的导线插接器。

(4) 装上进气歧管，拧紧进气软管两端的卡箍。

注意：空气滤清器滤芯若过脏或有破碎，应更换新滤芯；拧紧空气流量计固定螺栓必须用专用扳手，以免损坏固定螺栓。

4) 装复汽油蒸发控制装置

(1) 将活性炭罐电磁阀装回空气滤清器侧面。

(2) 插上真空管，插上活性炭罐电磁阀的导线插接器。

(3) 装上活性炭罐，拧紧活性炭罐卡箍。

(4) 插上与活性炭罐相连的真空管，插上汽油箱蒸气管。

(5) 装上左前轮罩的挡泥板。

【任务检查】

分步骤简述如何进行空气供给装置的拆装，有哪些注意事项。

【任务评估】

序号	学习内容	评价标准			
		了解	掌握	可指导操作	可独立操作
1	空气供给装置的结构、功用及其工作原理				
2	空气供给装置的拆装				

任务三　燃油供给装置的结构原理及拆装

【任务理论】

燃油供给装置由汽油箱、电动汽油泵、汽油滤清器、燃油分配管、油压调节器、喷油器、冷起动喷油器和输油管等组成，如图 4－3－1 所示。

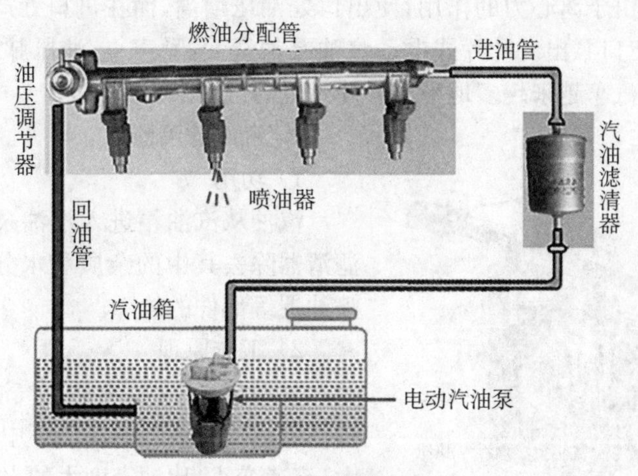

图 4－3－1　燃油供给装置

1. 电动汽油泵

1）功用及分类

电动汽油泵的功用是将汽油从油箱内吸出，为各喷油器及冷起动喷油器提供所需要的燃油。电动汽油泵通常有两种类型，即滚柱式电动汽油泵和叶片式电动汽油泵。

2）工作原理

滚柱式电动汽油泵的结构如图 4－3－2 所示。带滚柱泵的转子偏心地安装在泵体内，由电动机驱动。当油泵旋转时，由于离心力的作用，转子槽内的滚子向外移动，紧压在偏心设计的泵体壁面上。滚柱随转子一同旋转时泵腔容积发生变化，进油口一侧的工作腔容积增大，成为低压吸油腔，汽油经进油口被吸入工作腔内。在出油口一侧的工作腔容积减小，成为高压油腔，汽油从高压油腔经出油口流出。

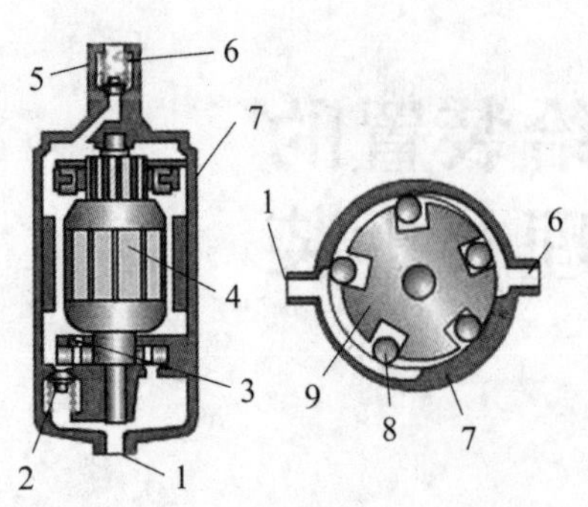

图 4-3-2　滚柱式电动汽油泵

1—进油口；2—限压阀；3—汽油泵；
4—电动机；5—单向止回阀；6—出油口；
7—泵体；8—滚柱；9—转子

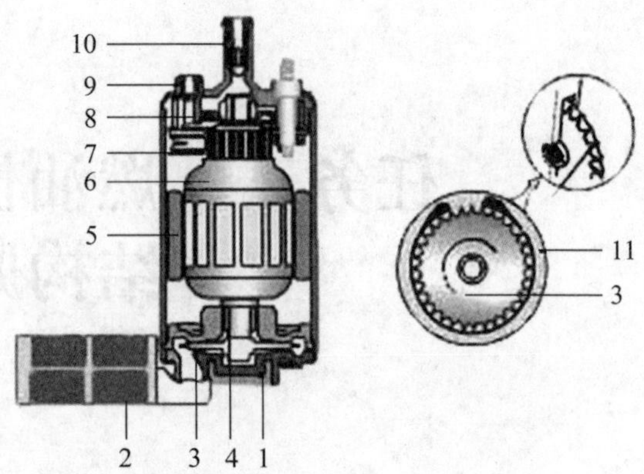

图 4-3-3　叶片式电动汽油泵

1—橡胶缓冲垫；2—滤网；3—叶轮及叶片；4、8—轴承；
5—永久磁铁；6—电枢；7—炭刷；9—限压阀；
10—单向止回阀；11—泵体

叶片式电动汽油泵的结构如图 4-3-3 所示。当叶轮旋转时，叶轮槽内的汽油随同叶轮一同高速旋转。由于离心力的作用，使出口处油压增高，而在进口处产生真空，从而使汽油从进口吸入，从出口泵出。叶片式电动汽油泵油量大，噪声小，油压脉动小，叶片磨损小，使用寿命长。现代汽车越来越多地采用叶片式电动汽油泵。

2. 汽油滤清器

1）功用

汽油从汽油箱进入汽油泵之前，先经过汽油滤清器除去其中的杂质和水分，以减少汽油泵和喷油器等部件的故障。

2）工作原理

发动机工作时，燃油在汽油泵的作用下，经过进油管进入滤清器的沉淀杯中。由于此时容积变大，流速变小，比油密度大的水及杂质颗粒便沉淀于杯的底部，轻的杂质随燃油流向滤芯，而清洁的燃油从滤芯的微孔渗入滤芯的内部，然后经油管流出，如图 4-3-4 所示。

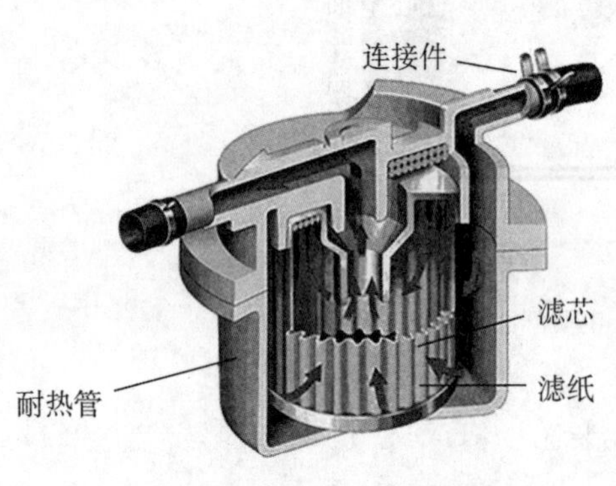

图 4-3-4　汽油滤清器

3. 油压调节器

1）功用

燃油压力调节器的功用是调节喷油器的燃油压力，保持油路中的燃油压力与进气管压力之差为一恒定值，其结构如图 4-3-5 所示。

2）工作原理

膜片将油压调节器分隔成上下两个腔。当燃油压力与进气管压力之差超过预调的压力值时，膜片上方的燃油就推动膜片向下压缩弹簧，打开回油阀，超压的燃油流回燃油箱，以保持一定的燃油压力。燃油供给系统的压力与进气管压力之差由油压调节器中的弹簧的弹力限定，调节弹簧预紧力即可改变两者的压力差，也就是改变喷油压力。

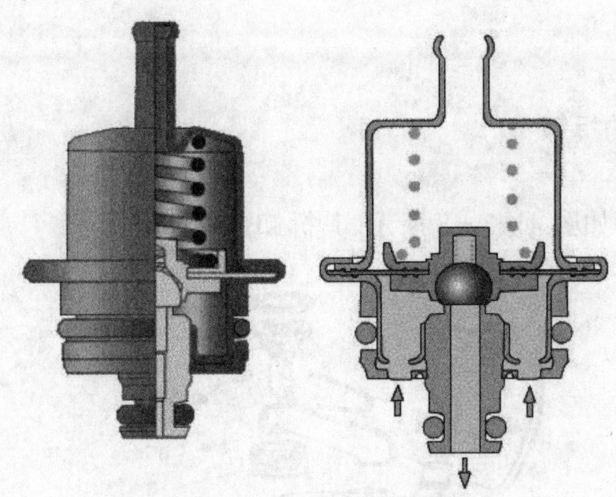

图 4-3-5　油压调节器

4. 喷油器

1）功用

喷油器的功用是按照电控单元的指令将一定数量的汽油适时地以雾状喷入进气道或进气管内，并与其中的空气混合形成可燃混合气。其实物如图 4-3-6 所示。

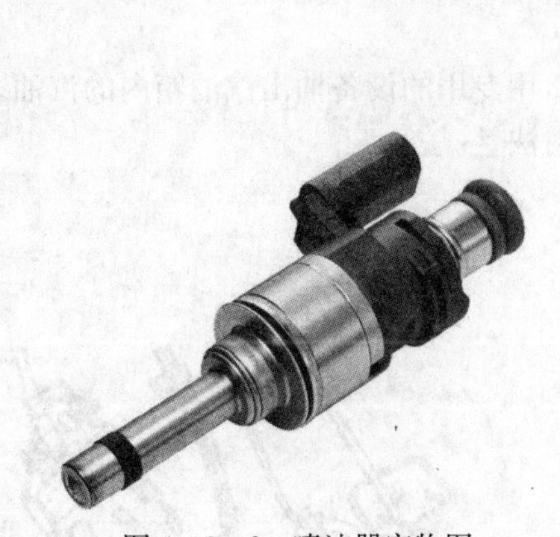

图 4-3-6　喷油器实物图

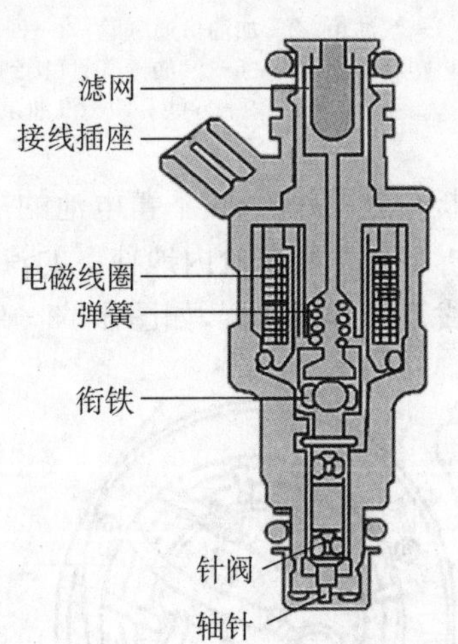

图 4-3-7　喷油器剖面图

2）工作原理

电磁式喷油器的结构如图 4-3-7 所示，电控单元以电脉冲的形式向喷油器输出控制电流。当电控单元送来电流信号时，电磁线圈通电，产生电磁力，吸起衔铁与针阀，将燃油通过精确设计的轴针头部环形间隙喷出，在喷油器头部前端将燃油粉碎雾化，与空气混合，在发动机进气行程中被吸入汽缸。

【任务实训】

1. 燃油供给系统的拆卸

1）汽油箱的拆卸

汽油箱及附件分解如图 4－3－8 所示，其拆卸过程如下所述。

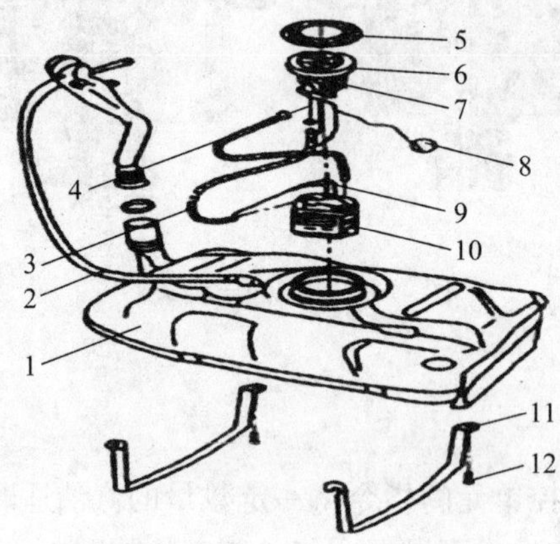

图 4－3－8　汽油箱及附件分解

1—汽油箱；2—加油口通气管；3—回油管(来自燃油分配器)；4—进油管(接到燃油分配器)；5—塑料紧固螺母；6—汽油蒸气管(接到活性炭罐)；7—密封法兰；8—浮子(用于燃油表传感器)；9—导线；10—汽油泵总成；11—汽油箱夹带；12—夹带螺栓

(1) 断开点火开关，拔下蓄电池的搭铁电缆，用专用的设备抽出汽油箱内的汽油。

(2) 拆下位于行李舱内地毯下的汽油箱密封法兰。

(3) 拔下导线插接器，如图 4－3－9 所示。

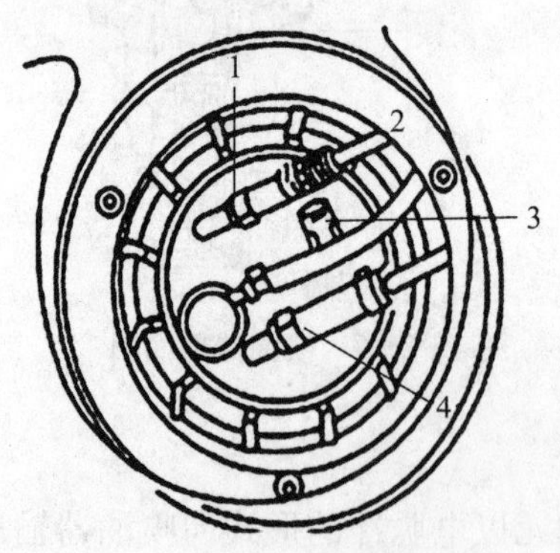

图 4－3－9　拆下管路及导线

1—回油管；2—通气管；3—导线插接器；4—进油管

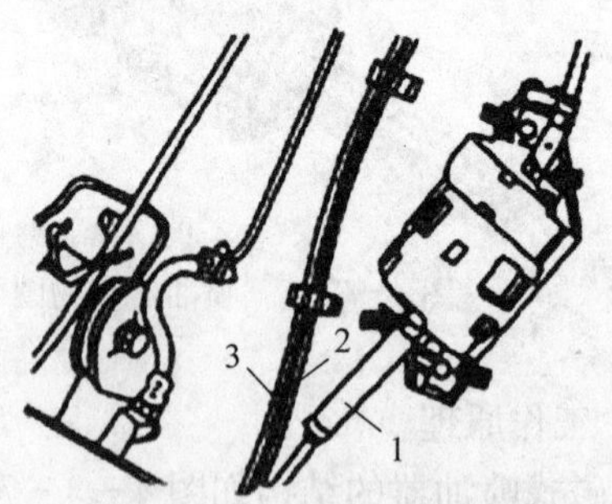

图 4－3－10　拔下车底部的管路

1—进油管；2—回油管；3—通气管

(4) 打开加油口盖板，撬出环绕在加油口颈部的橡胶件的夹环，将橡胶件取出。

(5) 旋下在车底部的加油颈固定螺栓，拔下位于车辆底部的进油管、回油管和通气管，如图 4－3－10 所示。

(6) 将发动机及变速器托架放置在汽油箱下。

(7) 拧下汽油箱夹带固定螺栓,拆下两根汽油箱夹带,取出汽油箱。

2) 汽油泵的拆卸

(1) 断开点火开关,拔下蓄电池的搭铁电缆。

(2) 拆下位于行李舱内地毯下的汽油箱密封法兰的盖板。

(3) 从密封法兰上拔下输油管、回油管和通气管,拔下汽油泵导线插线器。

(4) 用专用工具旋下塑料紧固大螺母。

(5) 从汽油箱开口处拉出密封法兰和橡胶密封件。

(6) 拔下密封法兰内的油量传感器导线插接器。

(7) 将专用工具插入到汽油泵 3 个拆装缺口内,旋松汽油泵,如图 4-3-11 所示。

(8) 从汽油箱内取出汽油泵。

注意:拆卸汽油泵时,必须断开点火开关,拔下蓄电池的搭铁电缆,以免引起火灾;拆卸汽油箱上各管路前,必须记住管路的连接位置及流向,以免装错;拆汽油泵出油管时,先用布包住接头,慢慢从接头处拔下软管,进行卸压,以防汽油飞溅。

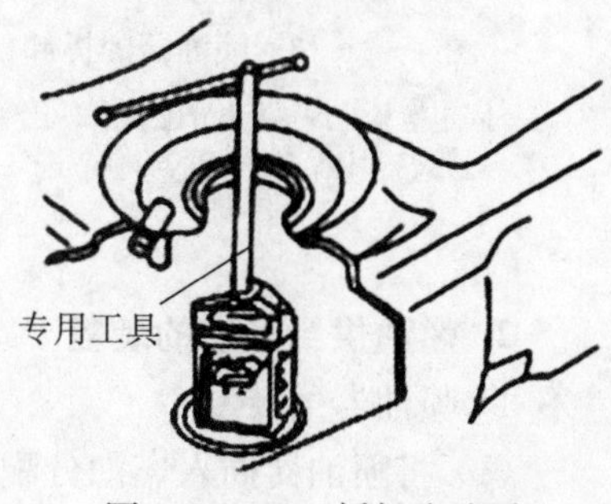

图 4-3-11　拆卸汽油泵

3) 汽油滤清器的拆卸

(1) 松开车辆底部汽油滤清器托架的紧固螺栓。

(2) 松开卡箍,拔下汽油滤清器的油管。

(3) 取下汽油滤清器。

注意:拆卸汽油滤清器前,应注意观察汽油滤清器上油管接头的流向标记,以免装错;拔下汽油滤清器的进、出油管前,先用布包住接头,慢慢从接头上拔下软管,以防汽油飞溅。

4) 油压调节器的拆卸

(1) 从油压调节器上拔下真空软管。

(2) 用尖嘴钳拆下油压调节器卡簧。

(3) 取下油压调节器,从油压调节器上取下两只 O 形密封圈,如图 4-3-12 所示。

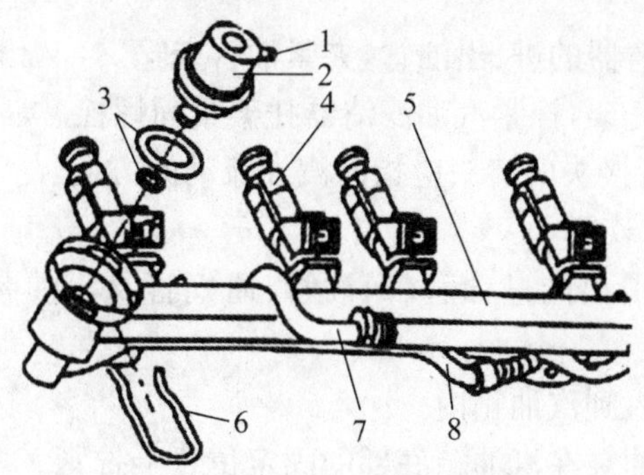

图 4-3-12　油压调节器的拆卸

1—真空管接头;2—油压调节器;3—O 形密封圈;
4—喷油器;5—燃油分配管;6—卡簧;7—进油管;8—回油管

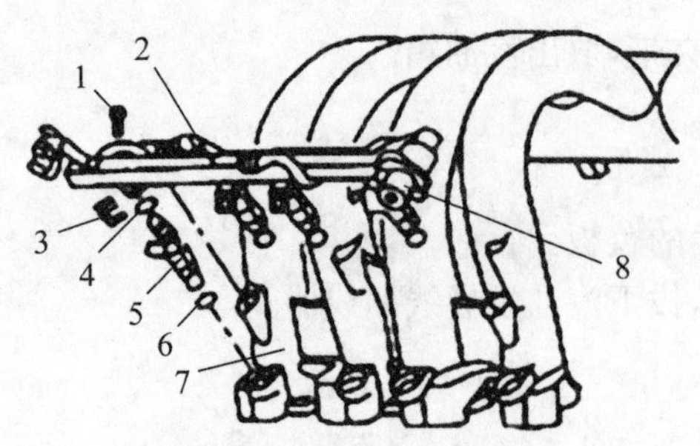

图 4-3-13　喷油器的拆卸

1—固定螺栓；2—燃油分配管；3—卡簧；
4、6—O 形密封圈；5—喷油器；7—进气歧管；
8—油压调节器

注意：拆卸油压调节器前，先用布包住进油管接头，松开进油管接头，将燃油分配管卸压，以防汽油飞溅。

5）喷油器的拆卸

(1) 拔下喷油器上的导线插接器。

(2) 拆下燃油分配管与进气歧管的固定螺栓，拆下燃油分配管。

(3) 用尖嘴钳拔下喷油器卡簧，从拆下的燃油分配管上拔下喷油器。

(4) 分别从喷油器、进气歧管上取下 O 形密封圈，如图 4-3-13 所示。

2. 燃油供给系统的装复

1）喷油器的装复

(1) 将喷油器插入燃油分配管，左右转动喷油器，使喷油器装配到位，并使喷油器导线插座朝外。

(2) 用尖嘴钳卡上喷油器卡簧。

(3) 依次装入各喷油器。

(4) 在进气歧管相应位置装上 O 形密封圈。

(5) 将喷油器连同燃油分配管装到进气歧管上。

(6) 以 20 N·m 的力矩拧紧燃油分配管与进气歧管的固定螺栓。

(7) 分别插上喷油器的导线插接器。

2）油压调节器的装复

(1) 将两只 O 形密封圈装到油压调节器上。

(2) 将油压调节器装到燃油分配管上。

(3) 用尖嘴钳卡上油压调节器卡簧。

(4) 将真空软管插到油压调节器上。

3）汽油滤清器的装复

(1) 装上汽油滤清器。

(2) 分别插上汽油滤清器的进、出油管，夹紧油管卡箍。

(3) 装上汽油滤清器托架，拧紧汽油滤清器托架紧固螺栓。

注意：汽油滤清器油管接头的箭头应指向汽油流动的方向。

4）汽油泵及汽油箱的装复

(1) 将从密封法兰下引出的进油管、回油管、通气管及汽油泵导线插接器插到汽油泵上，并保证连接可靠。

(2) 将汽油泵总成插入到汽油箱内。

(3) 用专用工具将汽油泵在汽油箱底部的固定位置上拧紧。

(4) 在汽油箱开口处安装好橡胶密封圈。

(5) 将密封法兰连同浮子总成插入到汽油箱内，并压装到底。

(6) 用专用工具拧紧塑料大螺母。

(7) 分别将进油管、回油管和通气管插到密封法兰上,插上汽油泵导线插接器。

(8) 将汽油箱连同汽油泵总成安装到汽油箱托架上。

(9) 安装两根汽油箱夹带,拧紧汽油箱夹带固定螺栓。

(10) 安装汽油箱密封法兰的盖板。

注意:安装橡胶密封圈时,用汽油将橡胶密封圈湿润,在实际维修作业中,这些O形密封圈应更换新的;安装密封法兰时,必须使密封法兰上的箭头对准汽油箱上的箭头,如图4-3-14所示。

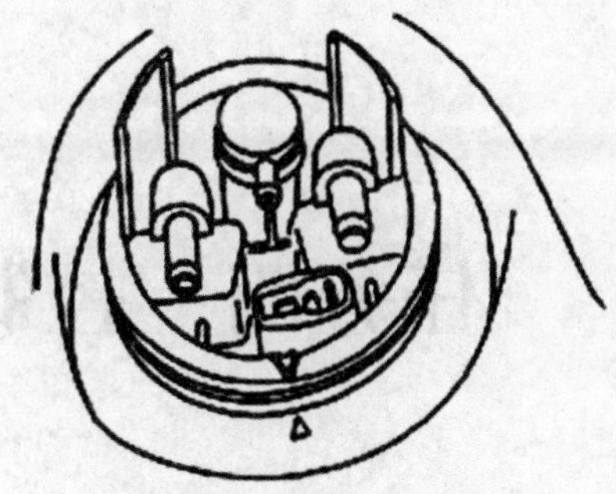

图4-3-14　密封法兰与汽油箱上的箭头标记

3. 注意事项

(1) 燃油箱内燃油的容量不能超过2/3,必要时使用专用设备抽取多余的燃油。

(2) 在重新开始工作前,收集软管必须放在系统开口处的附近,以便收集燃油蒸气。

(3) 如果没有收集设备,可以使用排气风扇。

(4) 皮肤不要直接接触燃油,要戴防护手套。

【任务检查】

1. 简述燃油供给装置的组成。
2. 分步骤简述如何进行燃油供给系统的拆装,有哪些注意事项。

【任务评估】

序号	学习内容	评价标准			
		了解	掌握	可指导操作	可独立操作
1	燃油供给装置的结构、功用及其工作原理				
2	燃油供给装置的拆装				

任务四　控制装置的结构原理及拆装

【任务理论】

控制装置由电控单元、各种传感器、执行器，以及连接它们的控制电路组成。

1. 电控单元(ECU)工作原理

电控单元根据其内存的程序和数据对各种传感器输入的信息进行运算、处理、判断，然后输出指令，向喷油器提供一定宽度的电脉冲信号以控制喷油量，其组成如图 4-4-1 所示。

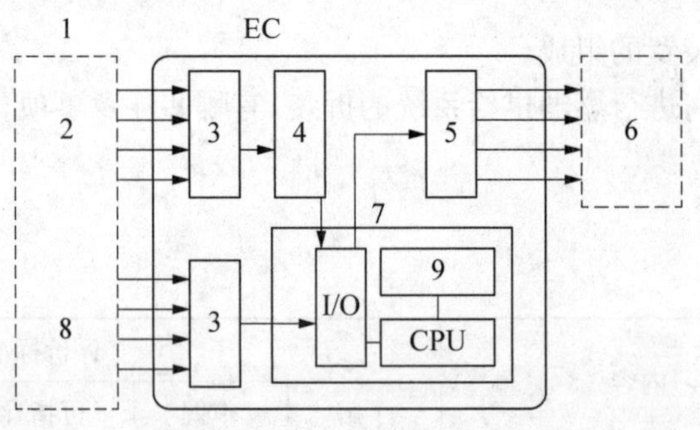

图 4-4-1　ECU 的组成

1—传感器；2—模拟信号；3—输入回路；4—A/D 转换器；5—输出回路；6—执行元件；7—微型计算机；8—数字信号；9—ROM/RAM 记忆装置

2. 传感器工作原理

发动机上的传感器有很多种，各种传感器有其独特的功能。

温度传感器(CTS)，如图 4-4-2 所示，其内部是一个半导体负温度系数的热敏电阻，冷却液温度越低，热敏电阻的阻值越大，反之亦然。发动机电控单元通过这个电阻信号识别冷却液温度，从而修正喷油量和点火提前角。

进气温度传感器(ATS)，如图 4-4-3 所示，其功用是将进气温度变化的信息传输给电控单元，作为修正喷油量的依据之一。其内部是一个负温度系数的热敏电阻，工作原理与温度传感器相同。

节气门位置传感器(TPS)，如图 4-4-4 所示。其工作原理是：节气门轴带动电位计滑动触点，将节气门由全闭到全开的各种开度转换为大小不等的电压信号传输给电控单元，作为判定发动机运行工况的依据。

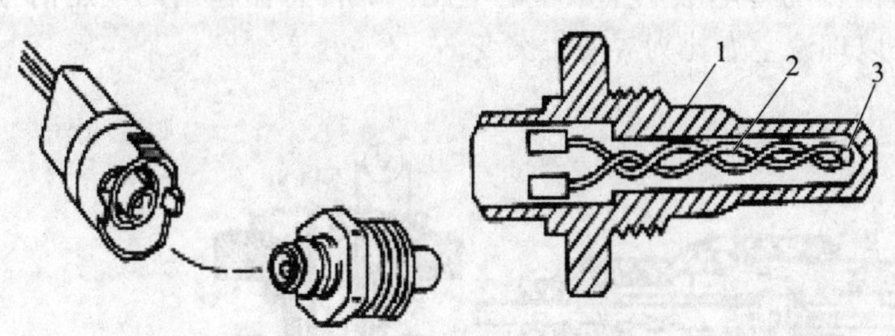

图 4-4-2　发动机温度传感器

1—传感器外壳；2—导线；3—热敏电阻

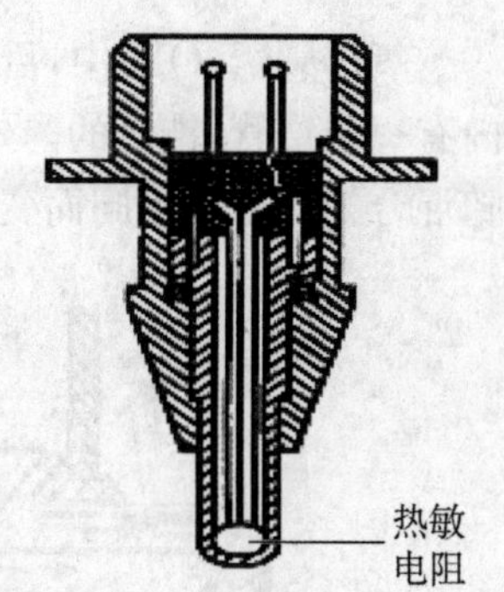

图 4-4-3　进气温度传感器

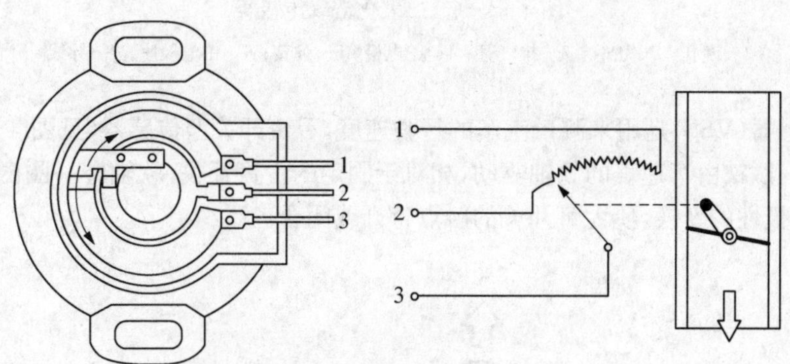

图 4-4-4　线性输出型节气门位置传感器

1—基准电压；2—输出电压；3—搭铁

发动机转速(SP)与曲轴位置传感器(IGT/NE)一般制成一体，以电磁感应式的应用较多，如图 4-4-5 所示。它主要由永久磁铁、感应线圈和信号齿盘等组成。信号齿盘由曲轴带动旋转，利用轮齿靠近和离开感应线圈时，通过感应线圈的磁通量变化，从而产生感应电压。信号齿盘不停旋转，在感应线圈中就产生交变电压信号，发动机电控单元可以从电压交变的变化频率来计算出发动机的转速。另外，在信号齿盘上缺 2 个齿，用于识别曲轴位置(第一缸上止点位置)，作为点火正时信号的参考基准。

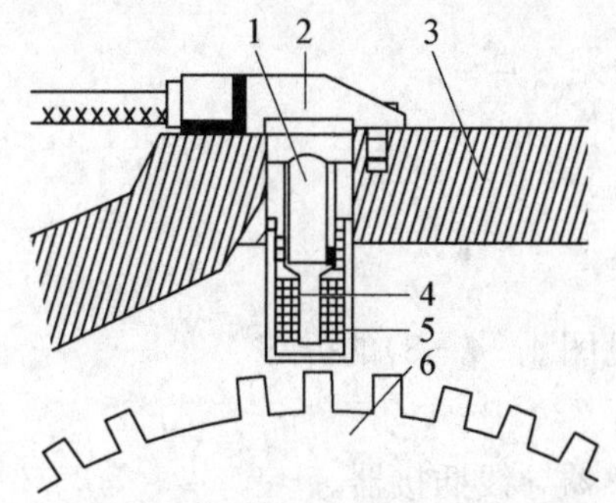

图 4-4-5　电磁感应式曲轴位置传感器(安装在曲轴上)

1—永久磁铁；2—插头；3—发动机壳体；4—铁芯；5—感应线圈；6—信号齿盘

氧传感器(OX)中,目前应用最多的是二氧化锆氧传感器(见图 4-4-6),在传感器壳体内有一个锆管,锆管的内外表面覆盖的导电层产生微小的电压。氧传感器输出的电压信号随混合气成分的不同而变化,并以理论空燃比为界发生突变。

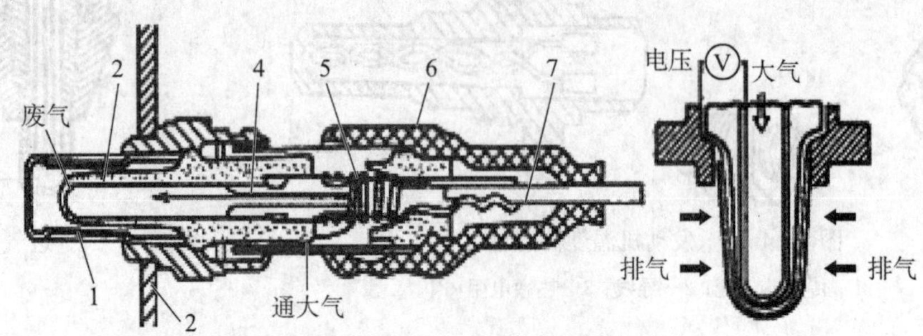

图 4-4-6　二氧化锆氧传感器

1—气孔；2—锆管；3—排气管；4—铂电极；5—弹簧；6—铂电极座；7—导线

车速传感器(VSS)是用来测量汽车的行驶速度,舌簧开关型传感器(见图 4-4-7)装在组合仪表内。磁铁由车速表的软轴驱动,相对于固定的舌簧开关,软轴转一圈磁铁的极性变换四次,由于极性的变换,使舌簧开关的触点打开或闭合。

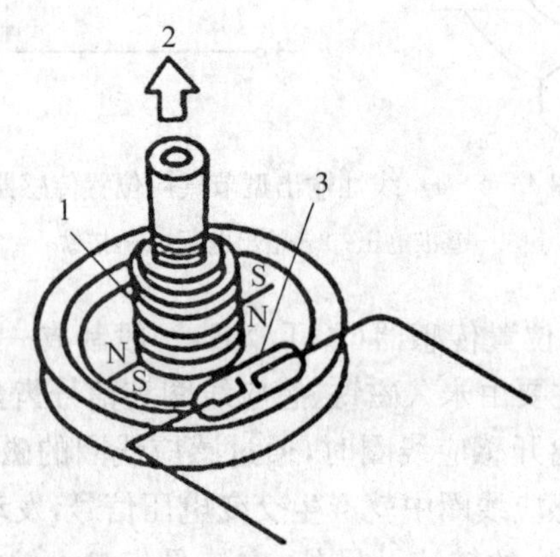

图 4-4-7　舌簧开关型车速传感器

1—磁铁；2—与转速表软轴连接；3—舌簧开关

【任务实训】

1. 控制装置的拆卸

1) 冷却液温度传感器(见图 4-4-8)的拆卸

(1) 放出发动机冷却液。

(2) 拔下冷却液温度传感器导线插接器。

(3) 拔下卡簧,拆下冷却液温度传感器,取出 O 形密封圈。

2) 进气温度传感器(见图 4-4-9)的拆卸

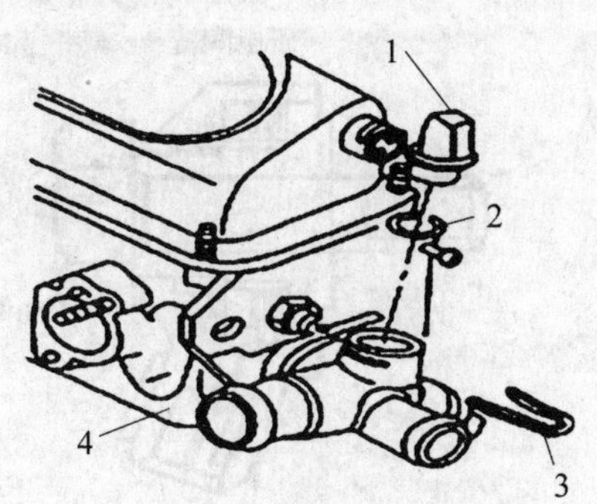

图 4-4-8　冷却液温度传感器

1—冷却液温度传感器；2—O 形密封圈；
3—卡簧；4—汽缸盖

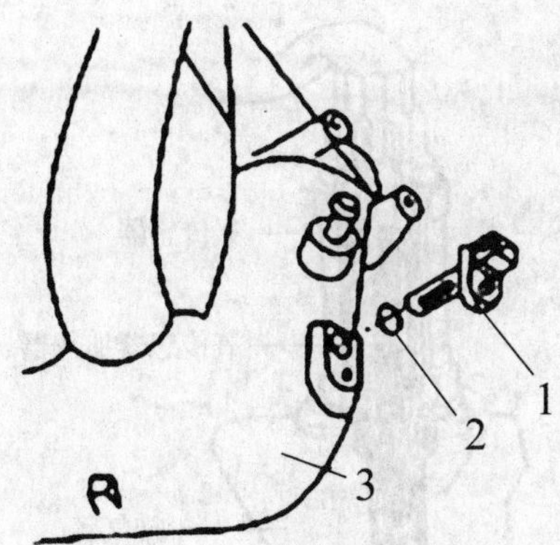

图 4-4-9　进气温度传感器

1—进气温度传感器；2—O 形密封圈；
3—进气歧管

(1) 拔下进气温度传感器的导线插接器。

(2) 拆下进气温度传感器的固定螺栓。

(3) 拆下进气温度传感器,从进气温度传感器上取下 O 形密封圈。

3) 发动机转速传感器(见图 4-4-10)的拆卸

(1) 拔下发动机转速传感器导线插接器。

(2) 拧下发动机转速传感器的紧固螺栓。

(3) 取出发动机转速传感器。

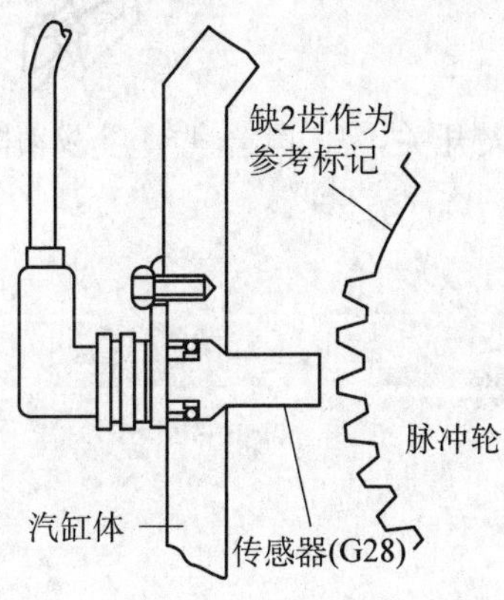

图 4-4-10　发动机转速传感器

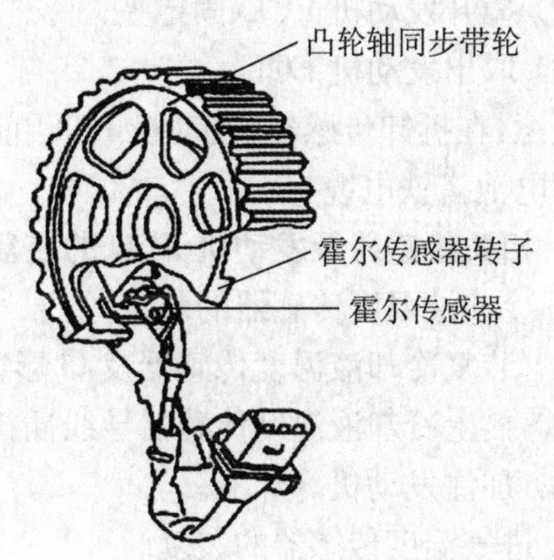

图 4-4-11　霍尔传感器

4) 霍尔传感器(见图 4-4-11)的拆卸

(1) 拆下同步带。

(2) 拔下霍尔传感器的插线器。

(3) 拧下霍尔传感器的固定螺栓。

(4) 取出霍尔传感器。

5) 氧传感器(见图 4-4-12)的拆卸

(1) 拔下氧传感器的插线器。

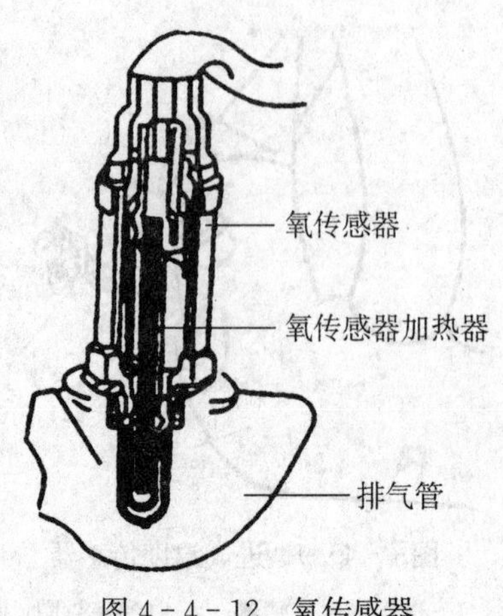

图 4-4-12　氧传感器

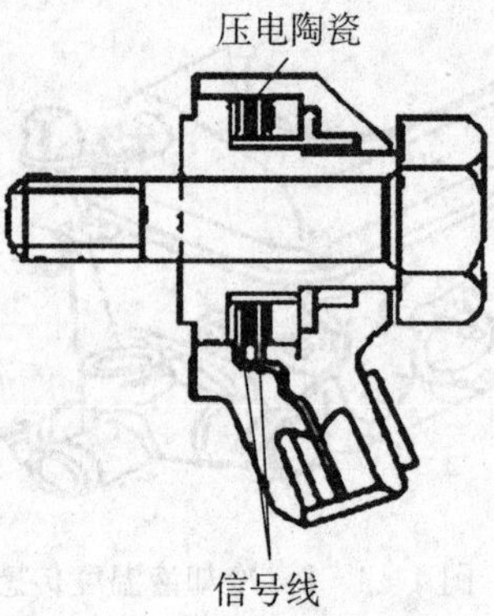

压电陶瓷

信号线

图 4-4-13　爆燃传感器

(2) 从车辆底部的排气管上拆下氧传感器。

6) 爆燃传感器(见图 4-4-13)的拆卸

(1) 拆下进气歧管。

(2) 拔下爆燃传感器导线插线器。

(3) 分别从缸体上拆下 1 号、2 号爆燃传感器。

7) 发动机 ECU(见图 4-4-14)的拆卸

(1) 拔出发动机 ECU 上两插接器卡簧手柄,分别拔下两导线插接器。

(2) 撬开发动机 ECU 固定夹。

(3) 取出发动机 ECU。

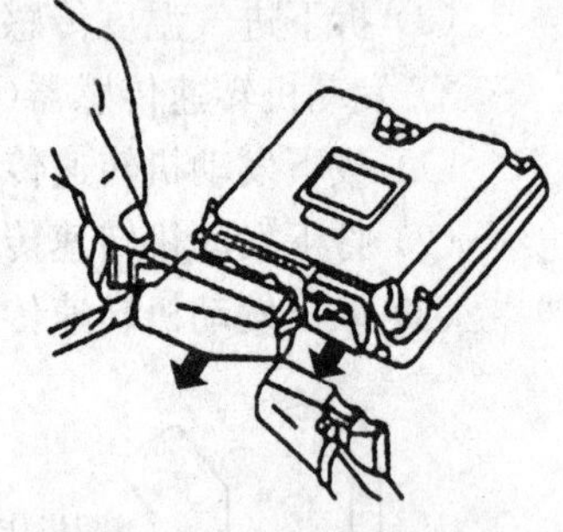

图 4-4-14　发动机 ECU

注意:在拆卸传感器、发动机 ECU 前,必须断开点火开关,拆下蓄电池搭铁电缆。

2. 相关传感器及发动机 ECU 的装复

1) 冷却液温度传感器的装复

(1) 装复冷却液温度传感器及 O 形密封圈,卡上卡簧。

(2) 插上冷却液温度传感器导线插接器。

(3) 加注发动机冷却液。

2) 进气温度传感器的装复

(1) 装复进气温度传感器及 O 形密封圈。

(2) 拧紧进气温度传感器固定螺栓。

(3) 插上进气温度传感器导线插接器。

3) 发动机转速传感器的装复

(1) 装复发动机转速传感器。

(2) 拧紧发动机转速传感器的固定螺栓。

(3) 插上发动机转速传感器的导线插接器。

4) 霍尔传感器的装复

(1) 装复霍尔传感器。

(2) 以 10 N·m 的力矩拧紧霍尔传感器的固定螺栓。

(3) 插上霍尔传感器的导线插接器。

5) 氧传感器的装复

(1) 装复氧传感器。

(2) 拧紧氧传感器。

(3) 装上氧传感器的导线插接器。

6) 爆燃传感器的装复

(1) 分别装上 1 号、2 号爆燃传感器。

(2) 以 44 N·m 的力矩拧紧 1 号、2 号爆燃传感器的固定螺栓。

(3) 分别插上 1 号、2 号爆燃传感器的导线插接器。

(4) 装上进气歧管。

7) 发动机 ECU 的装复

(1) 装上发动机 ECU。

(2) 卡好发动机 ECU 的固定夹。

(3) 分别插上两导线插接器,推入两插接器的卡簧手柄。

(4) 装上发动机 ECU 保护盒的罩盖。

(5) 装上蓄电池搭铁电缆。

【任务检查】

1. 简述控制装置的组成及工作原理。
2. 简述如何对控制装置进行拆装。

【任务评估】

序号	学习内容	评价标准			
		了解	掌握	可指导操作	可独立操作
1	控制装置的结构及工作原理				
2	控制装置的拆装				

项目五

冷却系统和润滑系统

【导航】

发动机工作时，汽缸内的气体温度可高达1 727～2 527℃，若不及时冷却，将造成发动机零部件温度过高，强度降低，机油变质，零件磨损加剧，最终导致发动机动力性、经济性、排气净化性、可靠性及耐久性的全面下降。此外，很多传动零件都是在很小的间隙下作高速相对运动，尽管这些零件的工作表面都经过精细的加工，但由于种种原因，这些表面不可能完全平滑，没有一点凹凸。若不对这些表面进行润滑，它们之间将发生强烈的摩擦，不仅增加发动机的功率消耗，加速零件工作表面的磨损，而且摩擦产生的热还可能将零件工作表面烧损，致使发动机无法运转。所以掌握发动机冷却系统和润滑系统的结构、组成、工作原理和主要零部件的拆装步骤，能够更加深刻的认识冷却系统和润滑系统。

【计划】

1. 理论知识

(1) 了解发动机冷却系统的功用、分类及工作原理。

(2) 了解发动机润滑系统的功用、润滑方式及工作原理。

(3) 掌握散热器、节温器、水泵、风扇的功用、组成及工作原理。

(4) 掌握冷却液的性能。

(5) 掌握机油泵、机油滤清器、机油冷却器的功用及工作原理。

(6) 掌握润滑剂的功用、工作特点及使用特性。

2. 技能知识

(1) 散热器的拆装。

(2) 节温器的拆装。

(3) 水泵的拆装。

(4) 冷却液的加注与排放。

(5) 机油泵的拆装。

(6) 燃油滤清器的拆装。

任务一　冷却系统的结构原理及拆装

【任务理论】

1. 冷却系统

1）功用

冷却系统的功用是使发动机在所有工况下都保持在适当的温度范围内。冷却系统既要防止发动机过热，也要防止冬季发动机过冷。在发动机冷起动之后，冷却系统还要保证发动机迅速升温，尽快达到正常的工作温度，从而得到良好的动力性与经济性。

2）分类

冷却系统按冷却介质的不同可以分为风冷式和水冷式。由于水冷式冷却均匀，效果好，而且发动机运转噪声小，目前汽车发动机上广泛采用水冷却系统。

2. 冷却系统的零部件及其工作原理

汽车发动机的水冷却系统如图 5-1-1 所示。这是一种强制循环式水冷却系统，该系统由散热器、散热风扇、水泵、节温器、暖水器、暖水阀和 A/C 加热装置等组成。

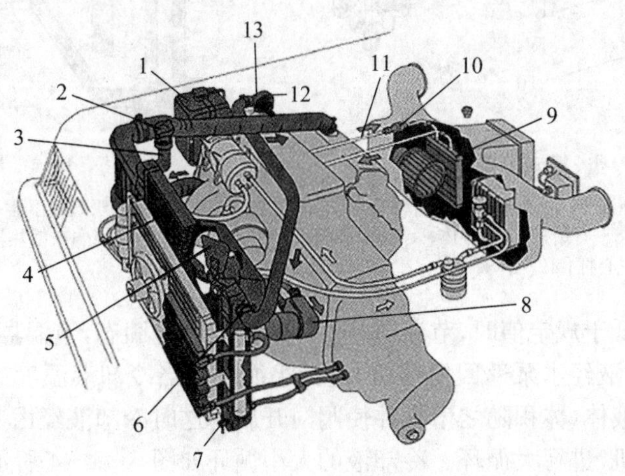

图 5-1-1　发动机冷却系统

1—冷却剂与溢流软管储备油箱；2—散热器盖；3—过滤器颈部；4—散热器；5—散热风扇；6—散热器软管；7—散热器排水龙头；8—A/C 加热装置；9—暖水器；10—暖水阀；11—暖水管；12—水泵；13—节温器

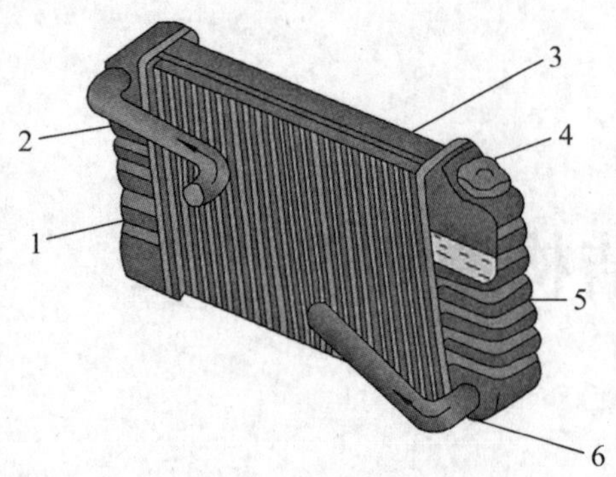

图 5-1-2　散热器

1—上贮水室；2—进水管；3—散热器芯；4—散热器盖；5—下贮水室；6—出水管

1）散热器

(1) 功用：发动机水冷系统中散热器的作用是将冷却液在机体内吸收的热量传给外界空气，使冷却液温度降低。

(2) 组成及工作原理：散热器由上贮水室、下贮水室、散热器芯、散热器盖等组成，如图 5-1-2 所示。经上贮水室的冷却液在散热器芯内流动，流入下贮水室后经出水管被吸入水泵，冷却液由于向空气散热而变冷，冷空气则因为吸收冷却液散出的热量而升温，从而实现冷却系统的散热。

2）节温器

(1) 功用：节温器通过发动机冷却系统温度的变化自动地控制通过散热器冷却水的流量。

(2) 组成及工作原理：汽车发动机装用的节温器大多是蜡式节温器，主要由主阀门、阀座、旁通阀和石蜡等组成，如图 5-1-3 所示。

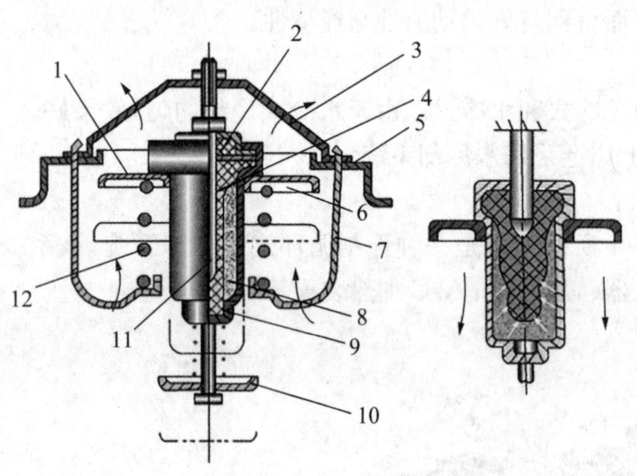

图 5-1-3　蜡式节温器

1—主阀门；2—盖和密封垫；3—上支架；4—胶管；5—阀座；6—通气孔；7—下支架；8—石蜡；9—感应体；10—旁通阀；11—中心杆；12—弹簧

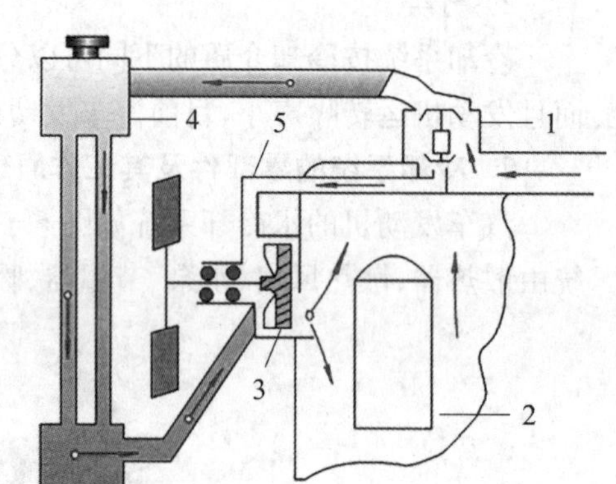

图 5-1-4　冷却液的大小循环

1—双阀节温器；2—水套；3—水泵；4—散热器；5—旁通管

当冷却液温度低于规定值时，节温器感温体内的石蜡呈固态，节温器阀关闭发动机与散热器间的通道，冷却液经水泵返回发动机，进行小循环。当冷却液温度达到规定值后，石蜡开始熔化逐渐变成液体，体积随之增大并使阀门开启。这时冷却液经由节温器到达散热器，再经水泵流回发动机，进行大循环。冷却液的大小循环如图 5-1-4 所示。

3）水泵

(1) 功用：水泵的功用是对冷却液加压，保证其在冷却系统中循环流动。

(2) 组成及工作原理：汽车发动机广泛采用离心式水泵，其基本结构由水泵壳体、水泵轴、叶轮等组成，如图 5-1-5 所示。

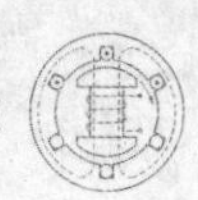

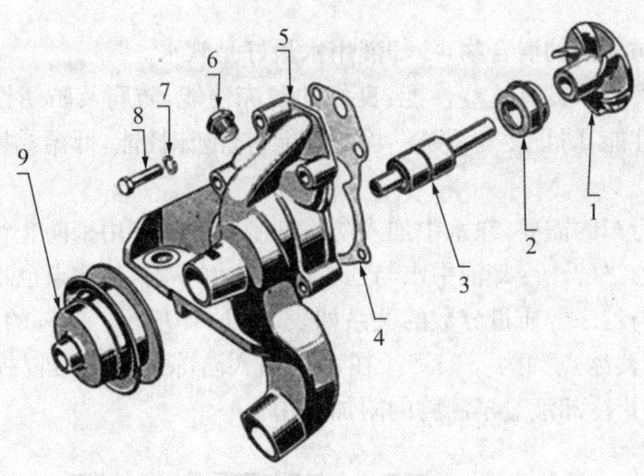

图 5-1-5　离心式水泵

1—风扇带轮；2—带轮毂；3—水泵轴和轴承；4—衬垫；5—泵壳；6—螺帽；7—垫片；8—螺栓；9—泵盖

离心式水泵的工作原理如图 5-1-6 所示。当水泵叶轮旋转时，水泵中的冷却液被叶轮带动一起旋转，并在离心力的作用下被甩向水泵壳体的边缘，然后从出水口泵出。在叶轮的中心处由于冷却液被甩出而压力下降，散热器中的冷却液由于压差作用下经进水口被吸入泵腔，使整个冷却系统内的冷却液循环流动。

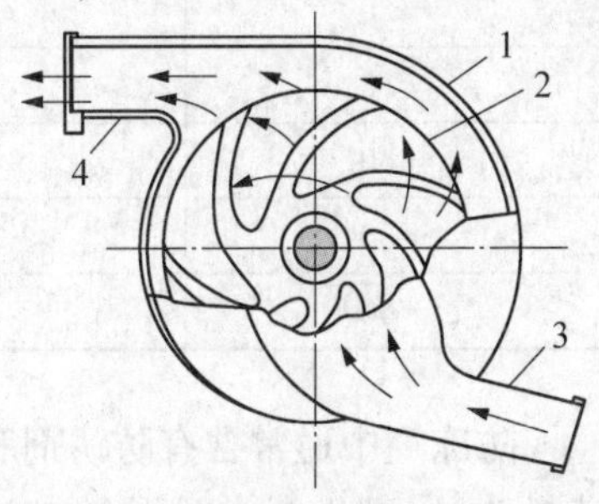

图 5-1-6　离心式水泵工作原理

1—泵壳；2—叶轮；3—进水口；4—出水口

4）风扇

（1）功用：冷却风扇的功用是当风扇旋转时吸进空气使其通过散热器，以增强散热器的散热能力，加快冷却液的冷却速度。

（2）工作原理：当风扇旋转时，对空气产生吸力，使之沿轴向流动。空气流由前向后通过散热器芯，使流经散热器芯的冷却水加速冷却，增强散热效果。冷却风扇如图 5-1-7 所示。

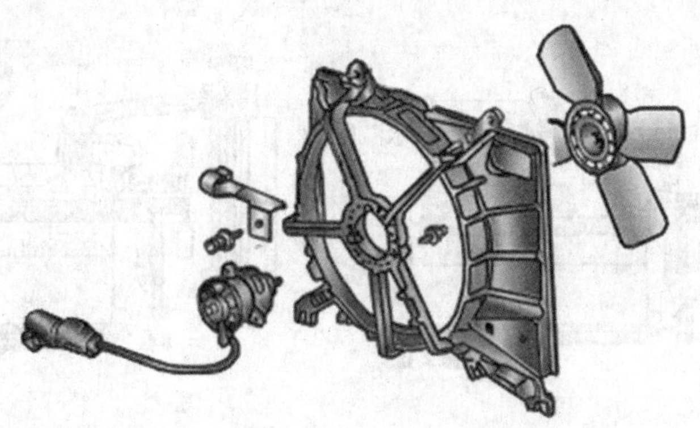

图 5-1-7　冷却风扇

3. 冷却液

冷却液是水与防冻剂的混合物，冷却液用水最好是软水。

发动机的防冻液要求具有这些性能：良好的防冻性能，防腐及防锈性能，对橡胶密封导管无溶胀及侵蚀的性能，防止冷却系统结垢的性能，抗泡沫性能，低温黏度不要太大，化学性质要稳定。

为了适应冬季行车的需要，在水中加入防冻剂制成冷却液用来防止循环冷却水的冻结。最常用的防冻剂是乙二醇。冷却液中水与乙二醇的比例不同，其冰点也不同。

冷却液的冰点与乙二醇质量分数的关系如表 5-1-1 所示。50%的水与 50%的乙二醇混合而成的冷却液，其冰点约为−35℃。在水中加入防冻剂同时可以提高冷却液的沸点。因此，防冻剂还有防止冷却液过早沸腾的附加作用。

表 5-1-1　冷却液冰点与乙二醇质量分数的关系

冷却液冰点/℃	乙二醇的质量分数/%	水的质量分数/%	密度/(kg·m^{-3})
−10	26.4	73.6	1.034
−20	36.4	63.8	1.050 6
−30	45.6	54.5	1.062 7
−40	52.6	47.7	1.071 3
−50	58	42	1.078 0
−60	63.1	36.9	1.083 3

防冻剂中通常含有防锈剂和泡沫抑制剂。在使用过程中，防锈剂和泡沫抑制剂会逐渐消耗殆尽，因此，定期更换冷却液十分必要。在防冻剂中一般还要加入着色剂，使冷却液呈蓝绿色、黄色或红色，以便识别。

注意：若更换散热器、热交换器、缸盖或缸盖衬垫，则原来的冷却液不允许再使用，必须更换。

4. 冷却系统的工作原理

冷却液在冷却系统中的循环路径如图 5-1-8 所示，水冷系统有小循环和大循环两种冷却液循环路径。

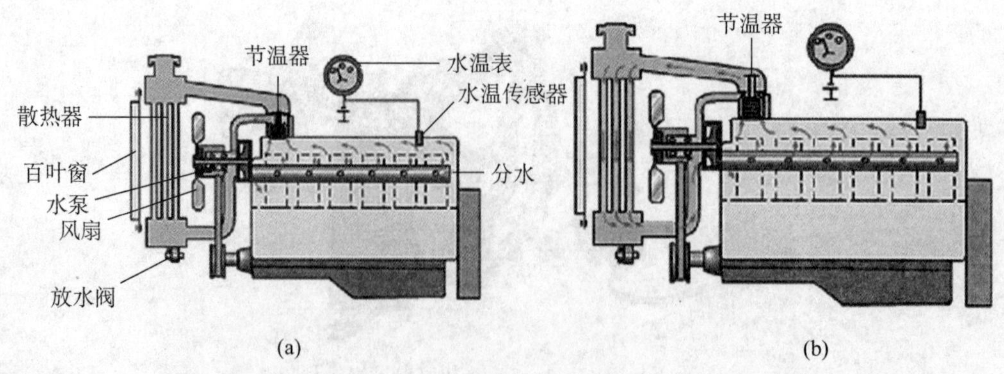

图 5-1-8　水冷系统工作示意

(a) 小循环　(b) 大循环

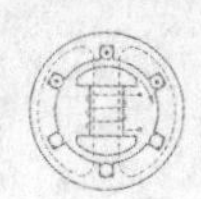

在汽车行驶或冷却风扇工作时，空气从散热器周围高速流过以增强对冷却液的冷却。铜制或不锈钢制的分水管可直接铸在机体上的分水道，沿其纵向开有出水孔，并与机体水套相通，离水泵越远出水孔越大。

【任务实训】

1. 散热器的拆装

1）散热器的拆卸

（1）拆卸前保险杠，通过散热器上的放液螺塞排空冷却液，松开连接法兰处的固定卡箍，从散热器上拔下冷却液软管，如图 5-1-9 中箭头所示。

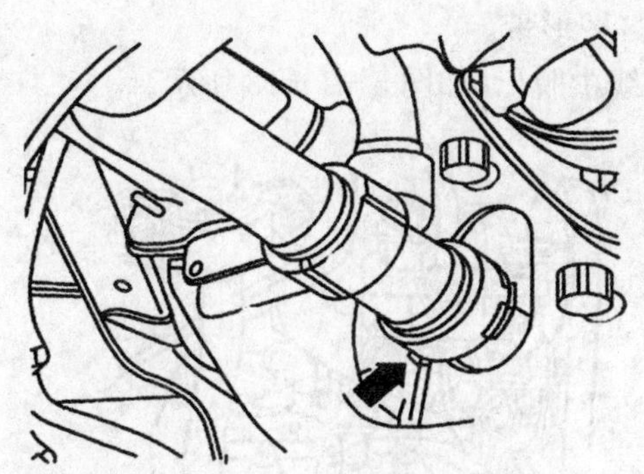

图 5-1-9　拔下散热器冷却液软管

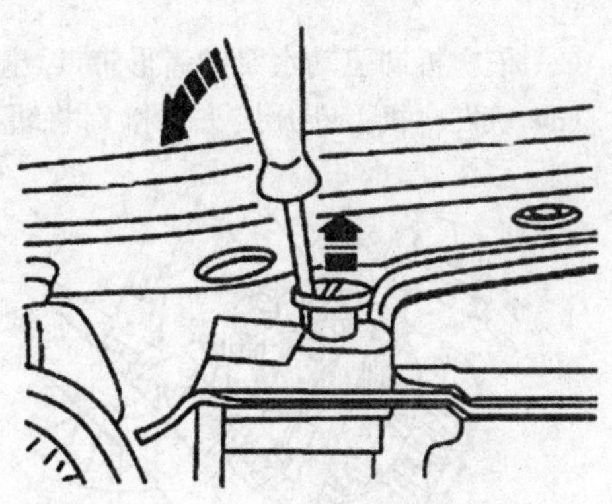

图 5-1-10　松开散热器锁止销

（2）脱开动力转向液压油冷却管。

（3）从散热器上拆下导风罩，拆下冷凝器紧固螺栓，从空调压力开关 F129 上拆下插头，向上拉冷凝器，使其脱离支座，然后向前转动，用绳索将其固定在右前轮上。

注意：切不可打开空调制冷剂环路，操作时切勿拉伸、扭曲或弯曲管路及软管，以免损坏冷凝器及制冷剂管路。

（4）松开散热器的两个锁止销，向上将其拔下，向前端摆动散热器，抬起并拆下，如图 5-1-10 所示。

2）散热器的安装

按与拆卸相反的顺序安装散热器。安装时要注意，冷凝器和冷却管与散热器的连接螺栓拧紧力矩均为 10 N·m。

2. 节温器的拆装

1）节温器的拆卸

（1）排放冷却液。

（2）从连接体上拆下冷却液管。

（3）拧下螺栓，取出节温器盖，拆下管接头、O 形密封圈及节温器，如图 5-1-11 所示。

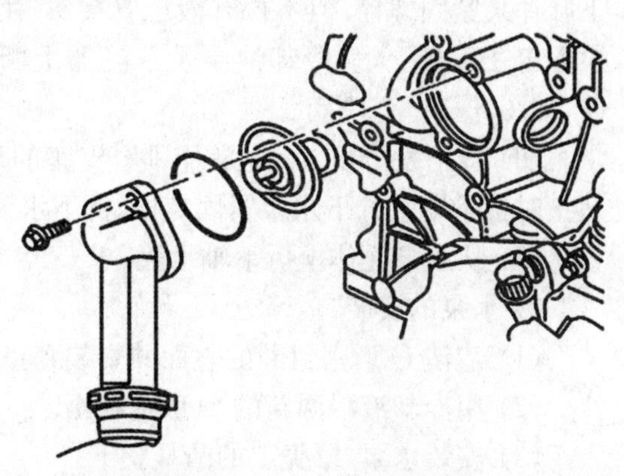

图 5-1-11　节温器的拆卸

图 5-1-12　节温器的安装

2）节温器的安装

（1）清洗和展平 O 形密封圈的密封面。

（2）安装节温器，如图 5-1-12 所示注意节温器的感温部分必须在汽缸体内。

（3）用冷却液浸湿新的 O 形密封圈。

（4）拧紧节温器盖螺栓，管接头与冷却液泵壳体的连接螺栓拧紧力矩为 10 N·m。

（5）加注冷却液。

3. 水泵的拆装

1）水泵的拆卸

（1）排放冷却液。

（2）依次拆卸驱动水泵的齿形带，风扇及带轮，V 形带。

（3）从发电机上断开接头 1 和 2，将线束从电缆中脱出，如图 5-1-13 所示。

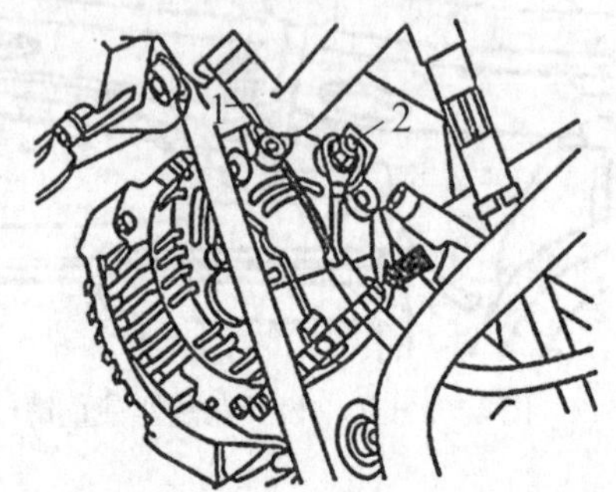

图 5-1-13　拆卸发电机端子

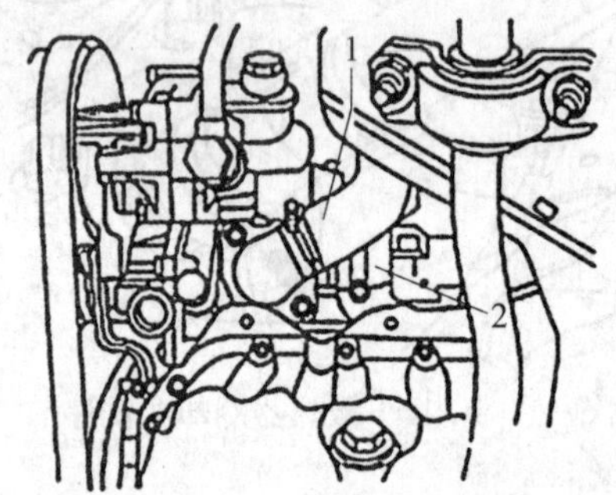

图 5-1-14　拆卸张紧装置

（4）从发电机、叶片泵及风扇支座上拆下进气歧管支架、汽缸体支柱、扭矩反应器支座的支架，拧下螺母，从支座上拆下多楔皮带张紧装置端子 1 和 2，如图 5-1-14 所示。

（5）拧下 V 形带及叶片泵多楔带轮的紧固螺栓，用销子插入叶片泵皮带轮，并将其保持在原位，从支座上拧下叶片泵紧固螺栓，但不松开液压管接头；用绳索将叶片泵固定在车身上，从冷却液泵及节温器上断开冷却液软管，如图 5-1-15 所示。

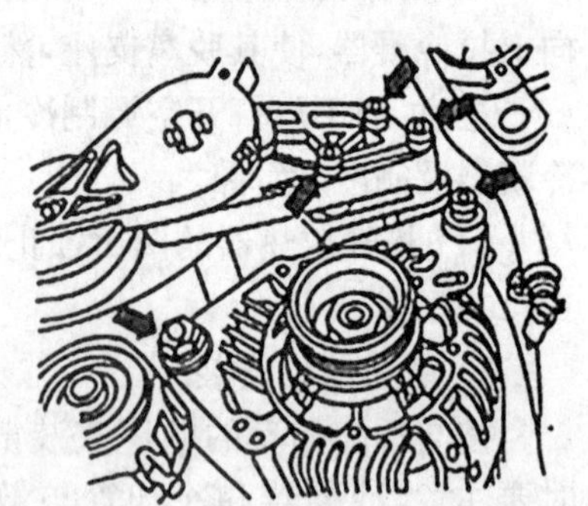
图 5-1-15　拆卸冷却液泵和节温器冷却液软管

（6）拧下发电机、叶片泵及风扇支座的后紧固螺栓，从正时带护罩上拧下水泵紧固螺栓，拆下水泵。

（7）从水泵壳体上拆下轴承盖。

2）水泵的安装

（1）清洁 O 形密封圈的表面并安装到正确的位置。

（2）用冷却液浸湿新的 O 形密封圈。

（3）安装水泵，罩壳上的凸耳朝下。

（4）安装同步带后防护罩。

(5) 拧紧水泵螺栓至 15 N·m。

(6) 安装同步带(调整配气相位)。

(7) 安装驱动水泵的 V 形带。

(8) 加注冷却液。

4. 冷却液的加注与排放

1) 加注冷却液

(1) 加注冷却液至冷却液膨胀箱最高点标志处。

(2) 旋紧膨胀箱盖。

(3) 使发动机运转 5～7 分钟。

(4) 检查冷却液液面高度,必要时加注冷却液到最高标记处。

2) 排放冷却液

(1) 将仪表板上的暖风开关拨至右端,打开暖风控制阀。注意:在热态时不可立即取下冷却液膨胀箱盖,以防蒸汽喷出伤人。

(2) 在盖子上盖一块抹布,小心地旋开盖子。

(3) 在发动机下放置一个干净的收集盘。

(4) 松开夹箍,拔下散热器的下水管,放出冷却液。

3) 注意事项

在加注防冻液前,应使用 10%的烧碱水溶液浸泡水箱一个小时,再将水溶液排放,然后用软化水反复冲洗 2～3 次,以清除发动机冷却系统中原积存的水垢,冲洗完后才能加注防冻液。

【任务检查】

1. 简述节温器的工作原理。
2. 分步骤简述如何进行散热器的拆装,有哪些注意事项。

【任务评估】

序号	学习内容	评价标准			
		了解	掌握	可指导操作	可独立操作
1	冷却系统的功用及分类				
2	冷却系统各零部件的工作原理				
3	冷却液的概述				
4	冷却系统的工作原理				
5	散热器的拆装				
6	节温器的拆装				
7	水泵的拆装				
8	冷却液的加注与排放				

任务二　润滑系统的结构原理及拆装

【任务理论】

1. 润滑系统

1）功用

润滑系统的功用是在发动机工作时不断地向运动零件的摩擦表面输送充足的润滑油。润滑油的流动兼有冷却、清洁、密封、防腐、防锈的功能。发动机使用的润滑油也称机油。

2）润滑方式

根据传动件的工作条件、负荷及运动速度，发动机的润滑方式有三种：压力润滑、飞溅润滑和润滑脂润滑。

(1) 压力润滑：压力润滑是以一定压力把机油供入摩擦表面的润滑方式。这种方式主要用于曲轴各轴颈与轴承之间、凸轮轴颈与轴承之间、摇臂轴与摇臂之间等。

(2) 飞溅润滑：飞溅润滑是利用发动机工作时运动件溅起来的油滴或油雾润滑摩擦表面的润滑方式。该方式主要用来润滑负荷较轻的汽缸壁面和凸轮、挺柱、活塞销等零件的工作表面。

(3) 润滑脂润滑：对于一些分散的、负荷较小的部位，采用定期加注润滑脂的方式进行润滑，如水泵、发电机、起动机等。

2. 润滑系统油路及其零部件的工作原理

润滑系统由机油泵、机油滤清器、机油冷却器、集滤器等组成。此外，润滑系统还包括机油压力表、温度表和机油管道等。发动机的润滑部位主要有曲柄连杆机构、配气机构以及正时齿轮等。润滑系统的油路如图 5-2-1 所示。

1）机油泵

(1) 功用：机油泵的功用是提高润滑系统机油压力，使机油在润滑系统内循环流动，保证发动机在任何转速下都能把机油送达各运动件的摩擦表面。

(2) 分类及其工作原理。机油泵按其结构可分为齿轮式和转子式两类。齿轮式机油泵又分内啮合齿轮式和外啮合齿轮式两种。

① 外啮合齿轮式机油泵，其结构及工作原理如图 5-2-2 所示。机油泵体内有一对外啮合齿轮（主动齿轮和从动齿轮），主动齿轮受发动机驱动，齿轮、机油泵体和泵盖形成了进油腔、过渡油腔和出油腔。

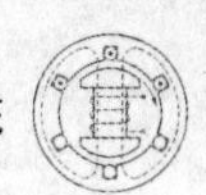

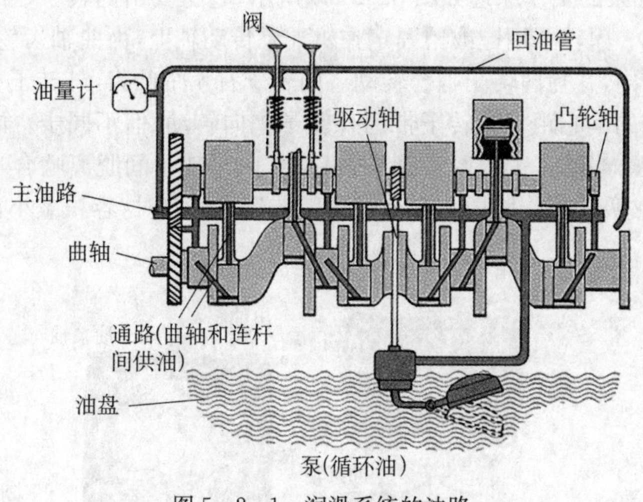

图 5-2-1 润滑系统的油路

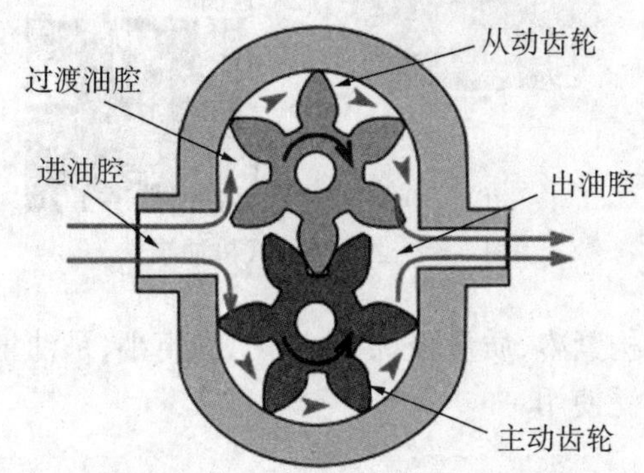

图 5-2-2 外啮合齿轮式机油泵

当主动齿轮带动被动齿轮旋转时,进油腔的容积由于油液逐渐被带走,腔内产生一定真空度,润滑油从油底壳被吸入进油腔,随后被轮齿带到过渡油腔,再进入出油腔。出油腔由于油液逐渐增多,压力升高,润滑油经出油口被输出。

外啮合齿轮式机油泵的优点是效率高,功率损失小,工作可靠;缺点是需要中间传动机构,制造成本相对较高。

② 内啮合齿轮式机油泵如图 5-2-3 所示,其工作原理与外啮合齿轮式机油泵相似。内接齿轮泵的外齿轮是主动齿轮,套在曲轴前端,通过花键由曲轴直接驱动。内接齿轮是从动齿轮,装在机油泵体内,泵体固定在机体前端。

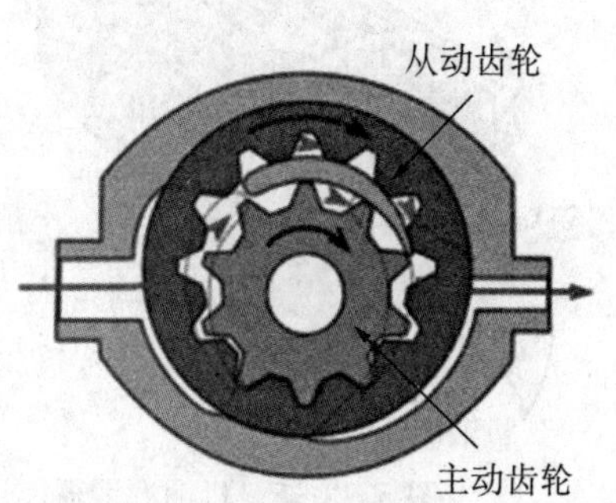

图 5-2-3 内啮合齿轮式机油泵

内啮合齿轮式机油泵的优点是零件数量少,制造成本低,占用空间小,使用范围广;缺点是工作效率低。另外,如果曲轴前端轴颈太粗,发动机驱动机油泵的功率损失也相应有所增加。

③ 转子式机油泵的工作原理如图 5-2-4 所示，它主要由内转子、外转子、机油泵壳体及机油泵盖等组成。内转子用键或销固定在机油泵传动轴上，由曲轴齿轮直接或间接驱动，外转子松套在泵体内，并与内转子啮合转动。内转子有 4 个凸齿，外转子有 5 个凹齿，内、外转子之间存在一定的偏心距。内转子带动外转子同向转动，但不同步。内、外转子啮合时，可形成 4 个工作腔。当某一工作腔转到进油口时，由于转子间脱离啮合，容积增大，产生真空，机油经进油口被吸入工作腔内。当该工作腔转到出油口时，容积减小，油压升高，润滑油经出油口被压出。

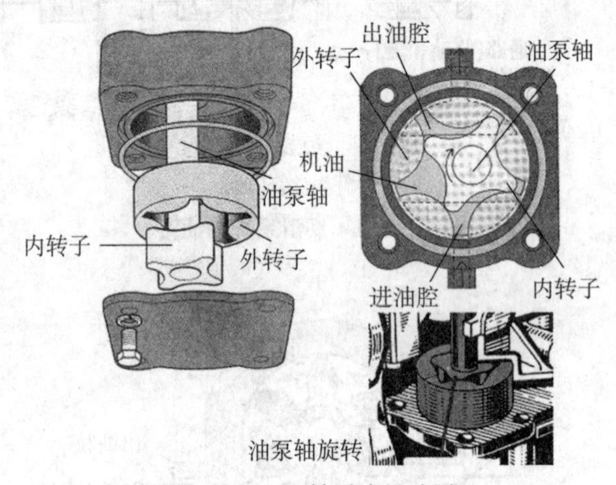

图 5-2-4　转子式机油泵

转子式机油泵具有结构紧凑、质量轻、供油均匀、噪声小、泵油量大、成本低等特点，在中小功率的高速发动机上广泛使用。

2) 机油滤清器

(1) 功用：机油滤清器的功用是滤除机油中的金属磨屑、机械杂质和机油氧化物，防止这些杂质随同机油进入润滑系统，加剧发动机零件的磨损，避免堵塞油管或油道，保持机油的清洁。

(2) 工作原理：未经过滤的机油从进油口进入机油滤清器，首先经过止回阀(机油倒流堵住进油孔)，此后机油进入滤纸腔，由外向内过滤到中心滤管，再由出油口送往发动机润滑。这个流程部分会产生两大路线，也是判断机油滤清器是否需要更换的重要依据。

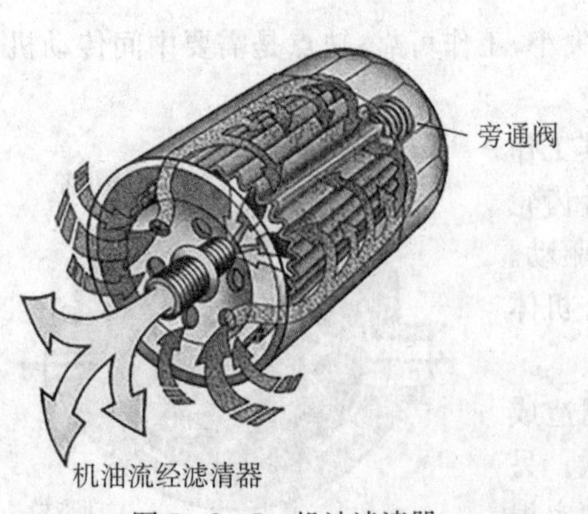

图 5-2-5　机油滤清器

流程 1(正常情况)：进油→过滤→发动机润滑；流程 2(非正常情况)：不再过滤而是往底部旁通阀直通滤管出油口直通发动机润滑，如图 5-2-5 所示。

流程 2 是流程 1 失败后机油滤清器的安全保证。当滤纸堵塞后过滤失效，即机油滤清器寿命终结，没有过滤作用，为保证发动机还有润滑，机油杂质堵塞滤纸后压力增大导致旁通阀打开，含

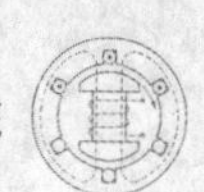

有杂质的机油自由循环于发动机中起到润滑作用，但会影响其使用寿命，所以要定时更换机油滤清器。

3）机油冷却器

（1）功用：有的发动机润滑系统中设置有机油冷却器，在发动机大负荷、高转速下长时间工作时，用来对机油进行强制冷却，以保持机油在适宜的温度范围内（70℃～80℃）工作。

（2）分类及其工作原理：机油冷却器分为风冷式和水冷式两类。风冷式机油冷却器利用汽车行驶时的迎面风对机油进行冷却，如图 5-2-6 所示。机油油管的周围焊有散热片，油管和散热片常用导热性好的黄铜制造。机油从进口流入扁形机油管，经散热片降温后从出口流出。水冷式机油冷却器装在冷却水路中，靠冷却液的流动使流经冷却器的机油降温，如图 5-2-7 所示。

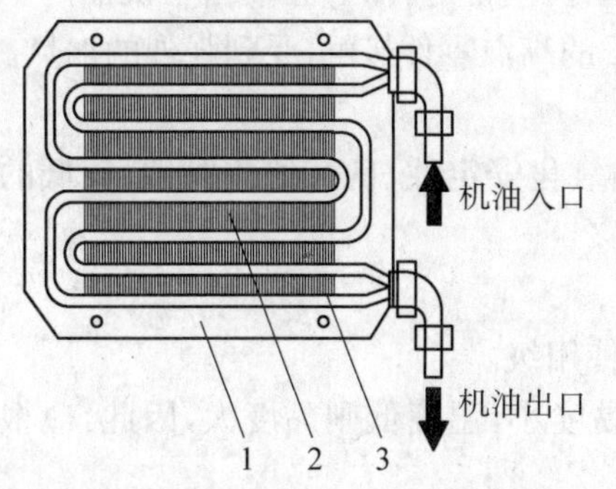

图 5-2-6　风冷式机油冷却器

1—安装底板；2—散热片；3—油管

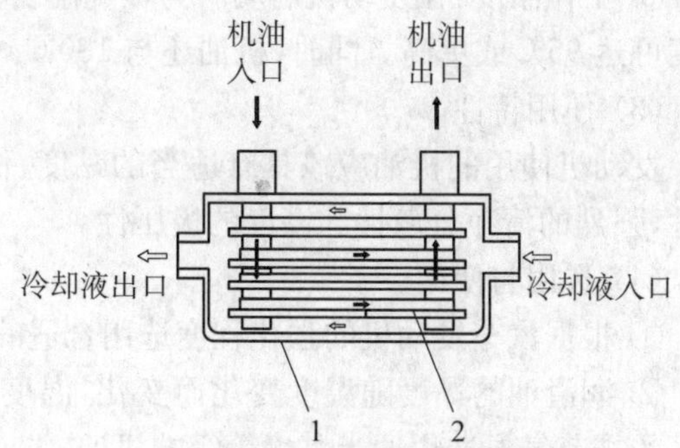

图 5-2-7　水冷式机油冷却器

1—冷却液箱；2—机油散热管

3. 润滑剂

汽车发动机所用的润滑剂包括机油和润滑脂两种，如图 5-2-8、图 5-2-9 所示。

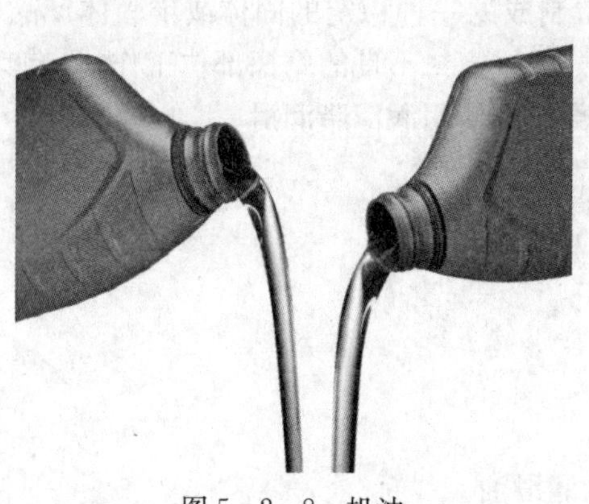

图 5-2-8　机油

图 5-2-9　润滑脂

1）机油

（1）功用：机油的功用主要有以下 5 点。

① 润滑：机油在运动零件的所有摩擦表面之间形成连续的油膜，以减小零件之间的摩擦。

② 冷却:机油在循环过程中流过零件工作表面,可以降低零件的温度。

③ 清洗:机油可以带走摩擦表面产生的金属碎末及冲洗掉沉积在汽缸、活塞、活塞环及其他零件上的积炭。

④ 密封:附着在汽缸壁、活塞及活塞环上的油膜,可起到密封防漏的作用。

⑤ 防锈:机油有防止零件发生锈蚀的作用。

(2) 工作特点。

① 循环流动:汽车发动机机油在润滑系统内循环流动,循环次数可达每小时100次。

② 工作条件:机油的工作条件十分恶劣,在循环过程中,机油与高温的金属壁面及空气频频接触,不断氧化变质。窜入曲轴箱内的燃油蒸气、废气以及金属磨屑和积炭等,使机油受到严重污染。

③ 工作温度:在发动机启动时为环境温度;在发动机正常运转时,曲轴箱中机油的平均温度可达95℃或更高。同时,机油还与180℃~300℃的高温零件接触,受到强烈的加热。

(3) 使用特性。

发动机使用的机油应该具有适当的黏度,优异的氧化安定性,良好的防腐性,较低的起泡性,强烈的清净分散性和高度的极压性。

(4) 选用与使用。

① 根据汽车发动机的强化程度选用合适的机油使用级。

② 润滑油的黏度随温度变化而变化,温度高则黏度小,温度低则黏度大,因此,应根据地区的季节气温选用适当黏度等级的机油。

③ 汽车每行驶7 500 km应定期更换发动机机油。如果汽车连续在多尘地区以及气温低的寒冷地区行驶,则更换周期要相应地缩短。

④ 发动机机油面应经常检查,保持机油油面位于机油尺“MAX”(最高)及“MIN”(最低)之间。

2) 润滑脂

润滑脂是将稠化剂掺入液体润滑剂中所制成的一种稳定的固体或半固体产品,其在常温下可附着于垂直表面而不流淌,并能在敞开的或密封不良的摩擦部位工作,具有其他润滑剂所不能代替的特点。因此,在汽车的许多部位都使用润滑脂润滑。

【任务实训】

1. 机油泵的拆装

1) 机油泵的拆卸

(1) 拆卸油底壳按以下3步进行。

① 拧下油底壳放油螺栓,放尽油底壳的润滑油。

② 拆下离合器防护罩。

③ 以交叉对称的顺序拧下油底壳上的所有螺栓,拆下油底壳,必要时可用橡胶锤轻轻敲出。

(2) 旋松并拆下机油泵壳与发动机机体连接的两个长紧固螺栓,将机油泵及吸油部件一起拆下。

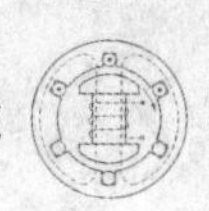

(3) 拧松并拆下吸油管组紧固螺栓，拆下吸油管组，检查并清洗滤网。

(4) 旋松并取下机油泵盖短紧固螺栓，取下机油泵盖组，检查泵盖上限压阀(旁通阀)，观察泵盖接合面的磨损情况。

(5) 分解主从动齿轮，再分解齿轮和齿轮轴。

图 5-2-10 为机油泵的分解图。

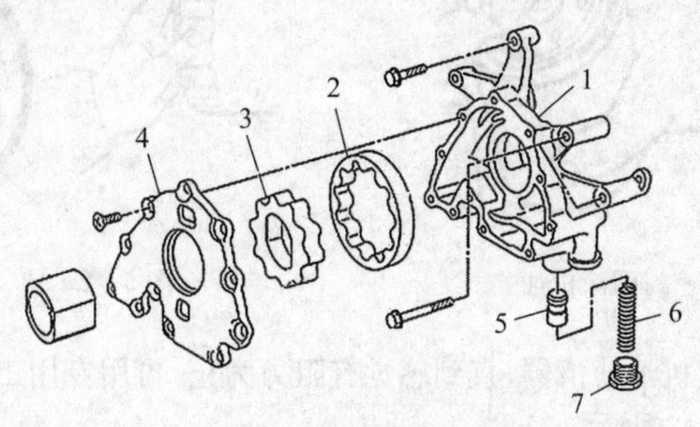

图 5-2-10　机油泵的拆卸

1—油泵机体；2—外转子；3—内转子；4—油泵盖；5—调节阀；6—调节弹簧；7—调节塞

2) 机油泵的安装与试验

机油泵安装与拆卸顺序相反，在安装时应更换垫片，并且注意各螺栓的拧紧力矩。

机油泵装复后，用手转动机油泵齿轮，应转动自如，无卡阻现象。将机油灌入机油泵内，用大拇指堵住油孔，转动泵轴应有油压出，并能感到压力。

机油泵装车后，通过压力表观察润滑油压力。在发动机温度正常的情况下，怠速运转时，润滑油压力不应低于 19.4 kPa；当发动机高速运转时，润滑油压力应不大于 49.0 kPa。如不符合标准，应调整限压阀，可在限压阀弹簧的一端加减调整垫圈的厚度，使机油压力达到规定值。

3) 注意事项

(1) 泵吸入管的安装高度、长度和管径应满足计算值，力求简短，减少不必要的损失(如弯头等)；并保证泵在工作时，不超过其允许的汽蚀余量。

(2) 吸入和排出管路应该有支架。泵不允许承受管路的负荷。

(3) 安装泵的位置应足够宽敞，以方便检修工作。

2. 机油滤清器的拆装

1) 机油滤清器的拆卸

(1) 趁热放出发动机机油。

(2) 用专用工具拆卸机油滤清器，如图 5-2-11 所示，这里的专用工具是指机油滤清器扳手 3417。如果需要更换时，注意清洗滤清器安装表面。

2) 机油滤清器的安装

(1) 排干或吸干旧的机油。

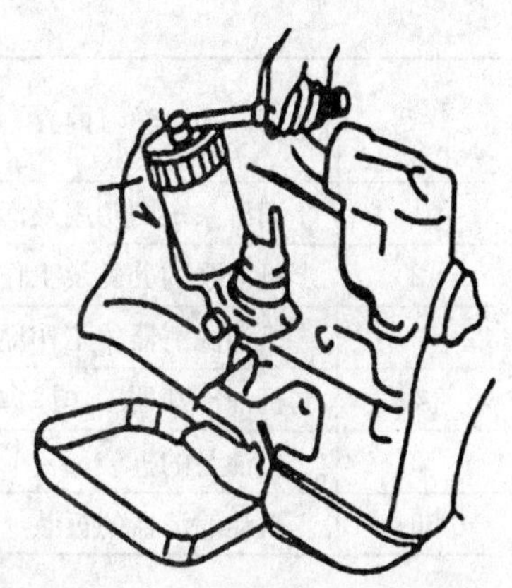

图 5-2-11　机油滤清器的拆卸

（2）安装新滤清器时，应在密封圈上涂上干净的机油，如图 5-2-12 所示。若不涂机油，安装时密封圈会与接合面发生干摩擦，容易翘曲和损坏，造成密封不良而漏油。

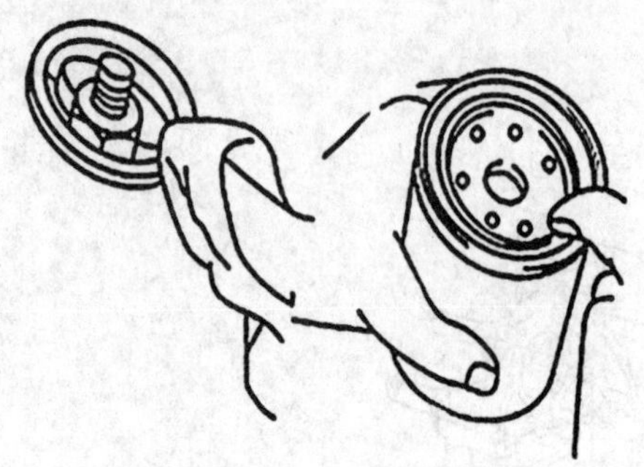

图 5-2-12　密封圈涂机油

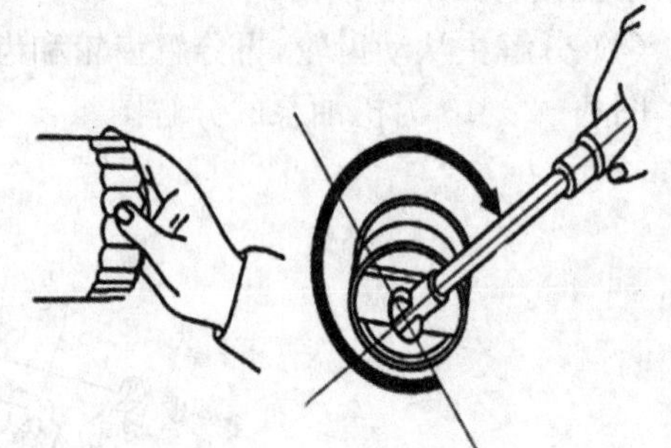

图 5-2-13　安装滤清器

（3）用手轻轻拧紧机油滤清器，直到感觉有阻力为止，再用专用工具重新拧紧机油滤清器 3/4 圈，如图 5-2-13 所示。

3）注意事项

（1）放机油时，放油桶必须对准出油口，防止溅到身上。

（2）安装时，所有螺栓和螺母的紧固力矩应符合规定。所有自锁螺母，必须更换新件。

（3）装复时，各零件应清洁干净，确保无油污、无残留物。

（4）机油油位不能超过最高标记，否则可能损坏催化转换器。

（5）安装前，配合面要先清洗干净，并使用合适的密封圈。

（6）轿车或商用车的机油滤清器，建议每半年更换一次。

【任务检查】

1. 简述外啮合齿轮式机油泵的工作原理。
2. 分步骤简述如何进行机油泵的拆卸。

【任务评估】

序号	学习内容	评价标准			
		了解	掌握	可指导操作	可独立操作
1	润滑系统的功用及润滑方式				
2	机油泵的分类及工作原理				
3	机油滤清器的工作原理				
4	机油冷却器工作原理				
5	机油泵的拆装				
6	机油滤清器的拆装				

项目六

汽油发动机点火系统和起动系统

【导航】

汽油发动机点火系统的任务是点燃汽缸内的可燃混合气。点火系统的性能对汽油发动机的动力性、经济性和排放性能具有十分重要的影响。发动机必须依靠外力带动曲轴旋转后，才能进入正常工作状态，通常把汽车发动机曲轴在外力作用下，从开始转动到怠速运转的全过程，称为发动机的起动。为了使汽油发动机的各项性能指标达到较好的水平，必须掌握点火系统和起动系统的结构原理，并能够对其零部件进行拆装。

【计划】

1. 理论知识

(1) 了解发动机点火系统的功用、组成、分类及工作原理。

(2) 了解起动系统的组成及工作原理。

(3) 掌握火花塞、点火线圈的构造、分类及工作原理。

(4) 掌握起动机的组成及工作原理。

2. 技能知识

(1) 点火系统的拆装。

(2) 火花塞的拆装。

(3) 点火线圈的拆装。

(4) 起动机的拆装。

任务一　汽油发动机点火系统的结构原理及拆装

【任务理论】

1. 点火系统

1）功用

点火系统的主要功用是按照汽油发动机工作的要求，定时地可靠地产生高压电点燃汽缸内的高温高压的可燃混合气。其电路如图 6-1-1 所示。

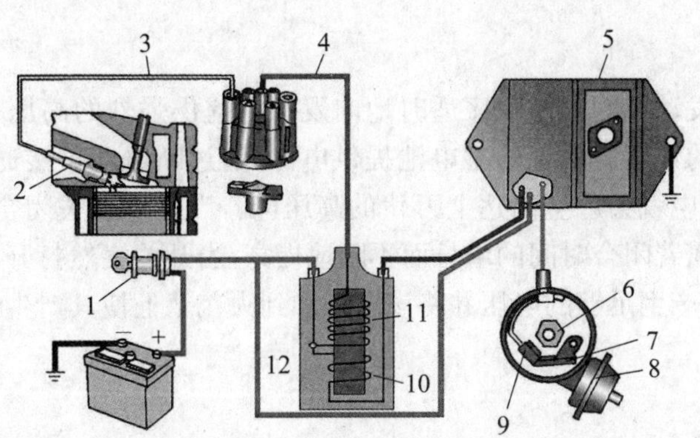

图 6-1-1　点火系统电路

1—点火开关；2—火花塞；3—分高压线；4—中央高压线；5—点火控制器；6—信号转子；7—永久磁铁；8—真空调节器；9—信号线圈；10—初级绕组；11—次级绕组；12—点火线圈

2）组成

点火系统由电源、传感器、电控单元、点火控制器、点火线圈、高压线、火花塞等组成，如图 6-1-2 所示。

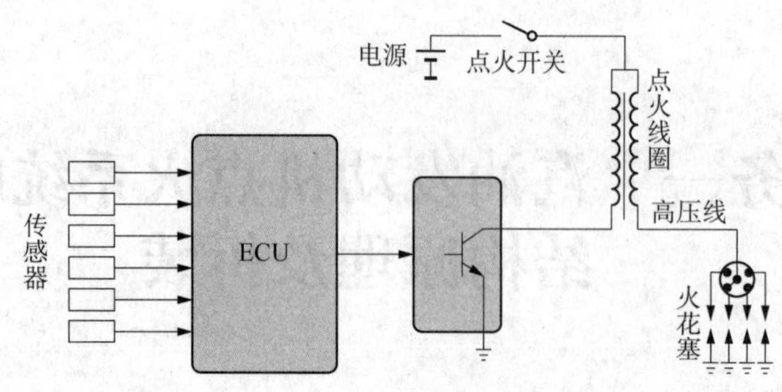

图 6-1-2　点火系统组成

3）分类

点火系统的分类如图 6-1-3 所示。

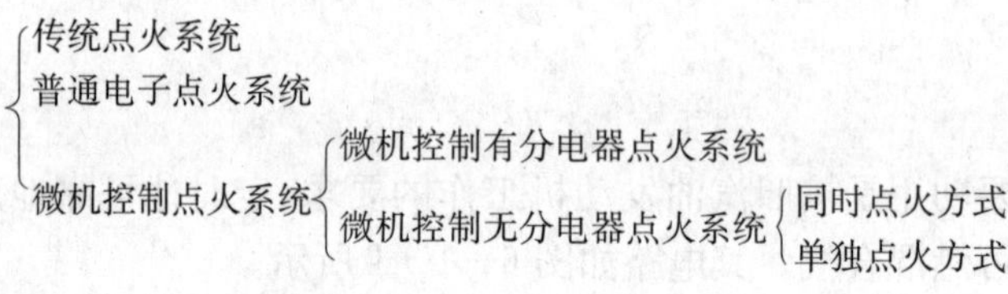

图 6-1-3　点火系统分类

4）工作原理

点火系统依据发动机的工作顺序适时地向发动机提供强烈的高压火花，体现在点火的时机和产生电火花的强度。系统的蓄电池提供电源，通过断电开关接通和切断初级线圈中的电流，在次级线圈中就会产生高达上万伏的高压电。当断电开关闭合时初级线圈中有电流通过并且电流值随着闭合时间的增长而不断地提高，当开关突然打开时，由于电磁感应效应，在次级线圈中便产生足够的电压并将该电压加到火花塞上使其产生火花点燃混合气，如图 6-1-4 所示。

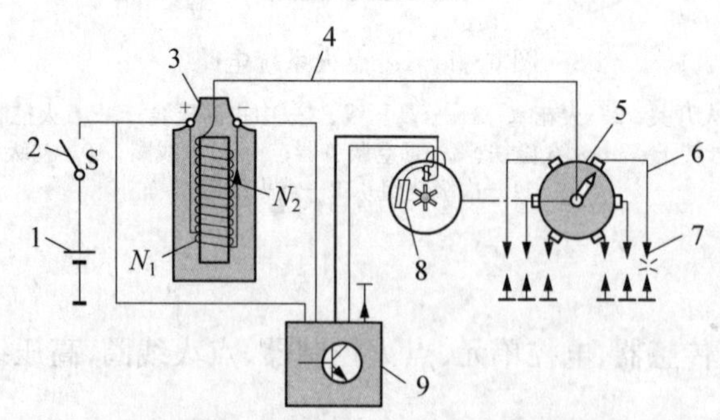

图 6-1-4　点火系统工作原理

1—蓄电池；2—点火开关；3—点火线圈；4—中央高压线；5—配电器；6—分高压线；7—火花塞；8—信号发生器；9—点火控制器

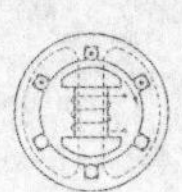

2. 点火系统的零部件及其工作原理

1）火花塞

(1) 分类：火花塞分为低热值火花塞、中热值火花塞和高热值火花塞，如图 6-1-5 所示。

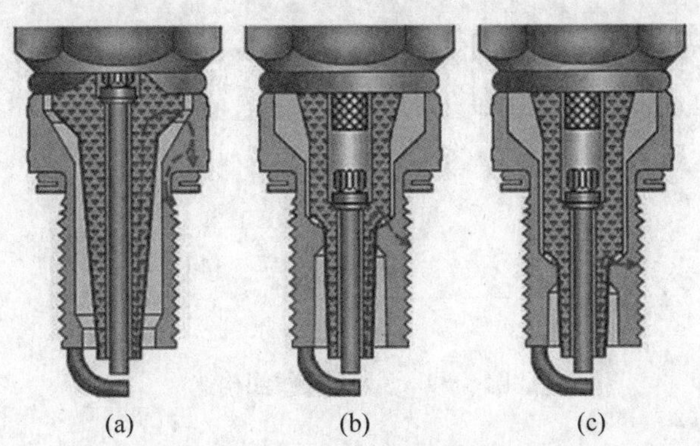

图 6-1-5　火花塞分类

(a) 低热值火花塞　(b) 中热值火花塞　(c) 高热值火花塞

(2) 工作原理：火花塞壳体内装有绝缘体，它里面贯通着一根中心电极，在壳体的下端面焊有接地电极，中心电极与接地电极之间有 0.6～1.0 mm 的间隙，随着火花塞电极间隙电压的升高，电极间电场强度不断增大，当达到某一临界值时(约 10 000 V)，电极间的间隙即形成放电通道而被“击穿”。在强电场的作用下，高速运动的电子及离子使放电通道形成炽热的气体发光体，即火花放电现象。电火花的温度极高，一般可达 2 000℃～3 000℃，足以点燃汽缸内的可燃混合气。图 6-1-6 为火花塞实物，图 6-1-7 为火花塞剖面图。

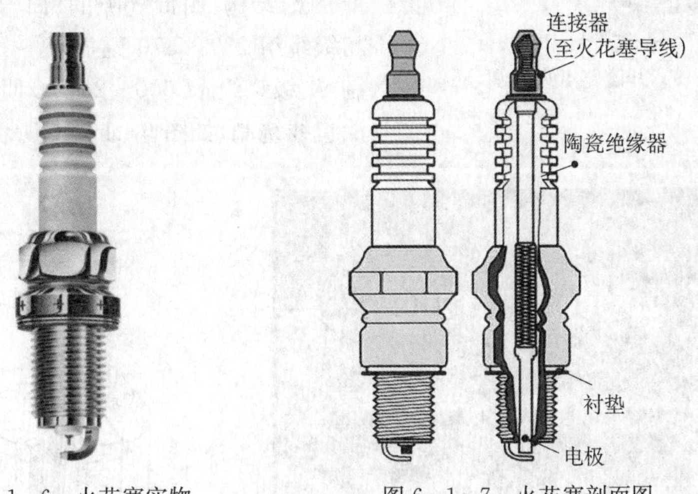

图 6-1-6　火花塞实物　　图 6-1-7　火花塞剖面图

2）点火线圈

(1) 构造：通常的点火线圈里面有两组线圈，初级线圈和次级线圈。初级线圈用较粗的漆包线，通常用 0.5～1.0 mm 左右的漆包线绕 200～500 匝左右；次级线圈用较细的漆包线，通常用0.1 mm左右的漆包线绕15 000～25 000匝左右。初级线圈一端与车上低压电源(+)连接，另一端与开关装置(断电器)连接；次级线圈一端与初级线圈连接，另一端与高压线输出端连接输出高压电，如图6-1-8所示。

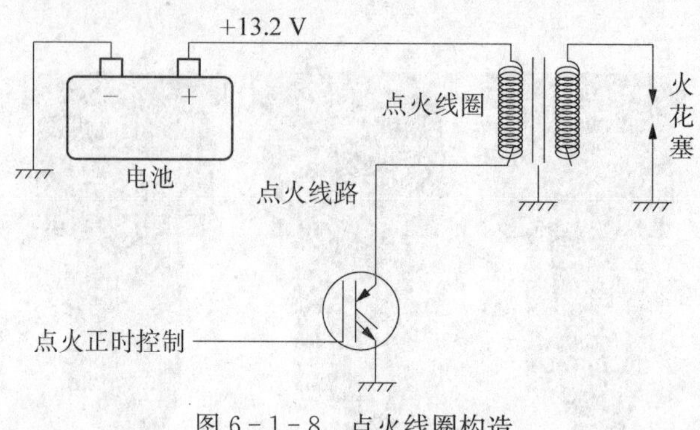

图6-1-8　点火线圈构造

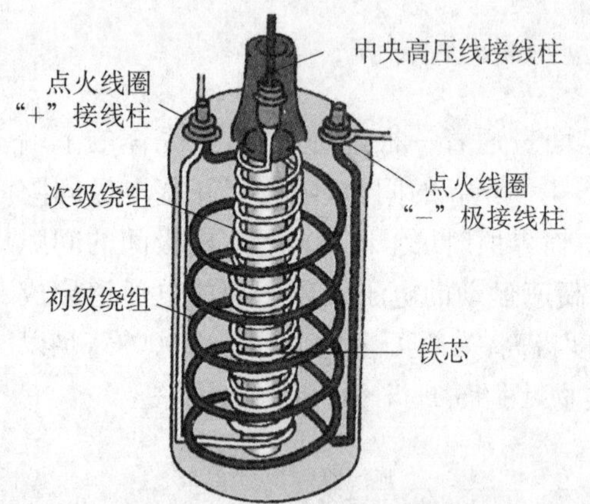

图6-1-9　开磁路点火线圈

(2) 分类：点火线圈按磁路结构可分为开磁路和闭磁路两类。

① 开磁路点火线圈。

a. 构造：初级绕组(0.5～1.0 mm高强度漆包线200匝)、次级绕组(0.06～0.10 mm漆包线2万匝)、铁芯接线柱、附加电阻、中央高压线插孔、导磁钢套、胶木盖等，如图6-1-9所示。

b. 作用：将电源电压变为15～20 kV的高电压。

② 闭磁路点火线圈。

a. 结构：用带气隙的“日”形或“口”形铁芯，初级绕组230～370匝，0.5～1.0 mm漆包线绕制，次级绕组11 000～26 000匝，0.06～0.10 mm漆包线绕制，如图6-1-10所示。

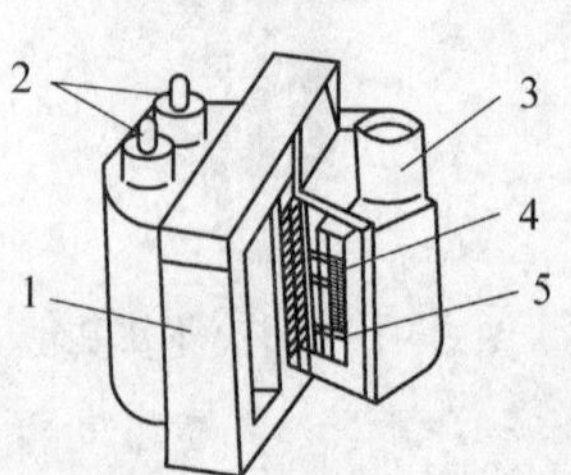

图6-1-10　闭磁路点火线圈

1—“日”字形铁芯；2—初级绕组接柱；3—高压接柱；4—初级绕组；5—次级绕组

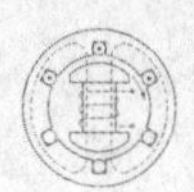

b. 特点：漏磁小，转换效率高（从60%提高到70%），无外壳，无绝缘盖，故易散热、结构简单、体积小、质量轻。

（3）工作原理：当初级线圈接通电源时，随着电流的增长四周产生一个很强的磁场，铁芯储存了磁场能；当开关装置使初级线圈电路断开时，初级线圈的磁场迅速衰减，次级线圈就会感应出很高的电压。初级线圈的磁场消失速度越快，电流断开的瞬间电流就越大，两个线圈的匝比越大，次级线圈感应出来的电压越高。

【任务实训】

1. 点火系统的拆卸

1）AJR型发动机点火系统的拆卸

（1）拆卸空气滤清器、进气管。

（2）拔下节气门体的导线插线器，拆下节气门控制组件和密封衬垫。

（3）拔下各缸喷油器的导线插线器，拆下各缸喷油器。

（4）用缸线钳拔下各缸火花塞的高压分缸线。

（5）拆下进气歧管支架的紧固螺栓，如图6-1-11所示。

（6）拆下进气歧管和汽缸盖之间的紧固螺栓，拆下进气歧管和密封衬垫。

（7）拔下点火线圈的组件的导线插头，从进气管上拆下点火线圈组件。

（8）用压缩空气除去火花塞周围的灰尘或杂物。

（9）用火花塞套筒逐一卸下各缸的火花塞，图6-1-12为拆卸火花塞顶端接线柱护套。

图6-1-11　拆卸螺栓

图6-1-12　拆卸火花塞顶端接线柱护套

2）AFE型发动机点火系统的拆卸

AFE型发动机采用的是电子控制点火系统，点火线圈安装在蓄电池正极处点火开关的上方。拆卸点火线圈的步骤如下所述。

（1）拔掉点火线圈上的插头，拆下点火线圈上的中央高压线。

（2）依次拆下火花塞上的高压线。

（3）拧下点火线圈固定螺栓，拆下点火线圈。

2. 火花塞的拆装

1) 火花塞的拆卸

(1) 清除火花塞孔处的灰尘及杂物，以防止杂物落入汽缸。

(2) 将火花塞上的高压分线依次拆下，并在原始位置做上标记，以免安装错位。

(3) 拆卸时用火花塞套筒套牢火花塞，转动套筒将其卸下(见图 6-1-13)，并依次排好，图 6-1-14 为拆卸下来的火花塞。

图 6-1-13　转动套筒拆卸火花塞

图 6-1-14　拆卸后的火花塞

注意：拆卸火花塞应在冷车的状态下进行，拆卸时要注意防止火花塞旋出后异物落入燃烧室内。

2) 火花塞的安装

(1) 对照车型适用表，正确选择火花塞型号。

(2) 让发动机冷却，清洁火花塞安装部位，以免异物落入汽缸。

(3) 用手将火花塞旋入安装孔，注意火花塞不要歪斜，以免拧坏丝扣。

(4) 按规定的扭矩用力矩扳手将火花塞拧紧(AFE 型发动机和 AJR 型发动机火花塞拧紧力矩均为 25 N·m)。

如果有条件可以在新的火花塞上涂一些“螺纹防卡剂”，再把火花塞装到套筒里重新装回发动机。应避免直接把火花塞从发动机顶部的孔放进去，因为掉落的冲击力可能导致间隙改变，如图 6-1-15 所示。

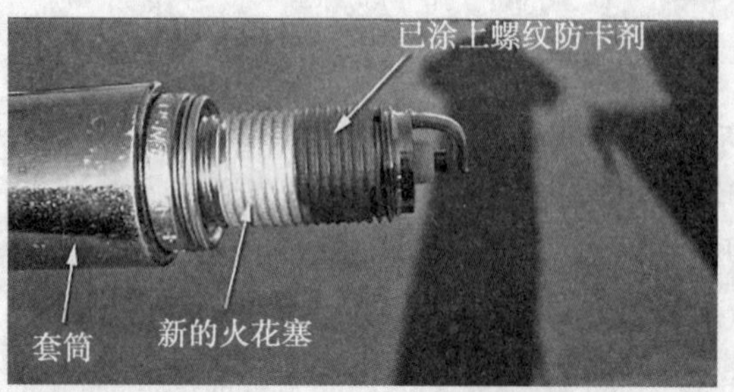

图 6-1-15　安装火花塞

注意：最大安装力矩值适用于螺纹无润滑剂的新火花塞，如螺纹已被润滑，则力矩值应该1/3左右，以避免过应力；安装新的火花塞时，可以在其表面涂一层润滑油，一来保护了汽缸盖，二来下次拆卸也更加省力。

3. 点火线圈的拆装

1）点火线圈的拆卸

用欧姆表测量点火线圈的电阻。初级绕组的电阻应为1.2～1.4 kΩ，次级绕组的电阻应为6～8 kΩ。若测量的电阻不符合规定，则需要更换点火线圈。同时应保证点火线圈绝缘盖板清洁、干燥，不漏电。图6-1-16为点火线圈。

（1）拆卸点火线圈周围组件。先拆卸汽缸盖罩，再断开点火线圈连接器。

（2）拆卸点火线圈总成。先清洁点火线圈周围，然后拆下点火线圈固定螺栓，最后拔出点火线圈总成。

（3）检查点火线圈总成。先检查点火线圈总成与火花塞套接部位，再更换新的点火线圈总成。

图6-1-16　点火线圈

2）点火线圈的安装

（1）清洁发动机上火花塞套管。

（2）安装点火线圈总成。

（3）安装点火线圈总成固定螺栓。

（4）插接点火线圈线束连接器。

【任务检查】

1. 简述点火系统的工作原理。
2. 分步骤简述如何进行火花塞的拆装，有哪些注意事项。

【任务评估】

序号	学习内容	评价标准			
		了解	掌握	可指导操作	可独立操作
1	点火系统的功用及分类				
2	点火系统的工作原理				
3	火花塞、点火线圈的工作原理				
4	点火系统的拆装				
5	火花塞的拆装				
6	点火线圈的拆装				

任务二　起动系统的结构原理及拆装

【任务理论】

1. 起动系统

1）组成

起动系统一般由起动机、线路、起动开关（点火开关）、起动继电器和安全起动开关（空档起动开关）等组成，如图 6-2-1 所示。

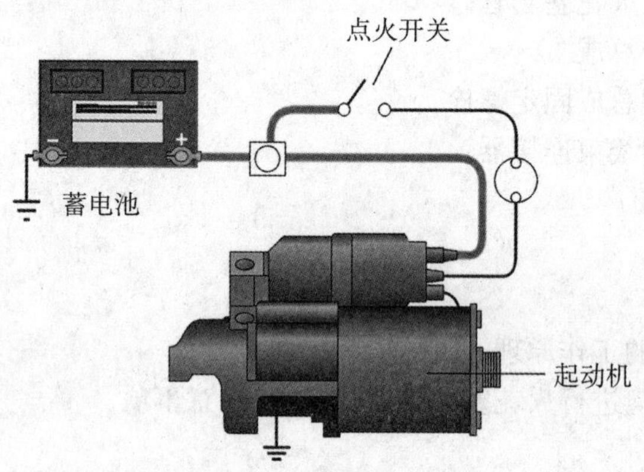

图 6-2-1　起动系统组成

2）工作原理

起动系统的工作原理：当点火开关置于起动档时，起动机控制电路先接通，然后起动机供电电路接通，蓄电池电流经电磁开关，将起动机的驱动齿轮向外推出，使其与发动机飞轮齿圈相啮合；同时电流流入起动电动机，并使其转动起来，通过驱动齿轮拖转发动机。待发动机能自行运转后，飞轮会反过来带动起动机驱动齿轮运转，此时起动机上的单向离合器使驱动齿轮相对于起动电动机电枢轴空转（以保护起动机）。当驾驶员及时将点火开关转到点火档时，切断起动机控制电路，在回位弹簧作用下，驱动齿轮回位脱离与飞轮齿圈啮合。同时起动机因起动电路被切断而停转。

2. 起动机

1）组成

起动机一般由直流电动机、传动机构和电磁操纵机构三部分组成，如图 6-2-2 所示。

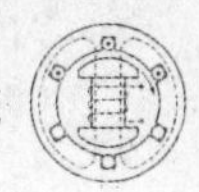

(1) 直流电机:汽车用起动电动机一般为直流电动机,主要由磁极、电枢、换向器以及机壳等部件组成。电枢绕组与磁场绕组串联,称此种直流电动机为串励式直流电动机。

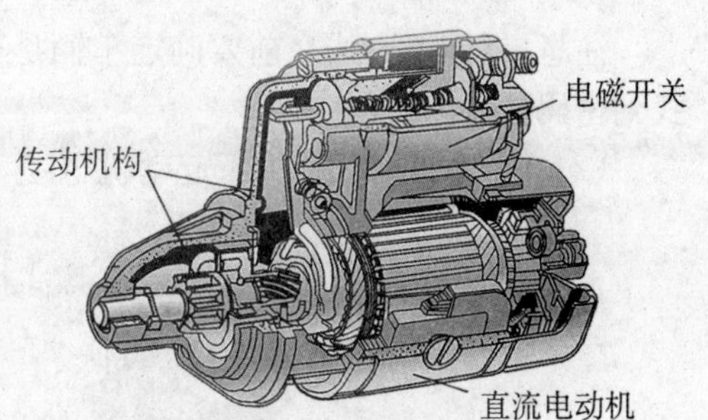

图 6-2-2　起动机结构

(2) 传动机构:通常起动机传动机构又称啮合机构或啮合器,其主要组成部分是单向离合器。其作用是在起动时将电枢的电磁转矩传递给发动机飞轮,在发动机起动后,就立即打滑,以防止发动机飞轮带动起动机电枢高速旋转而造成飞散事故。

起动机常见的单向离合器有滚柱式、磨擦式、扭簧式和棘轮式等。

(3) 电磁开关:电磁开关安装在起动机的上部,用来控制起动机驱动齿轮与飞轮的啮合与分离,以及电动机电路的接通和关断,电磁开关主要由吸引线圈、保持线圈、活动铁芯、接触盘和触点等组成。对于汽油发动机用的起动机、电磁开关内有点火线圈附加电阻短路触点,通过电磁开关外壳上的接线柱与点火线圈初级绕组相连。

2) 工作原理

起动机的工作原理可以通过其主要部件直流电动机的工作原理来说明。直流电动机是将电能转变为机械能的设备,它是根据带电导体在磁场中受到电磁力作用的这一原理为基础而制成的,其工作原理如图 6-2-3 所示。由于一个线圈所产生的转矩太小,且转速不稳定,因此实际上,电动机的电枢上绕有很多线圈,换向片数也随线圈的增多而相应增加,从而保证产生足够大的转矩和稳定的转速。

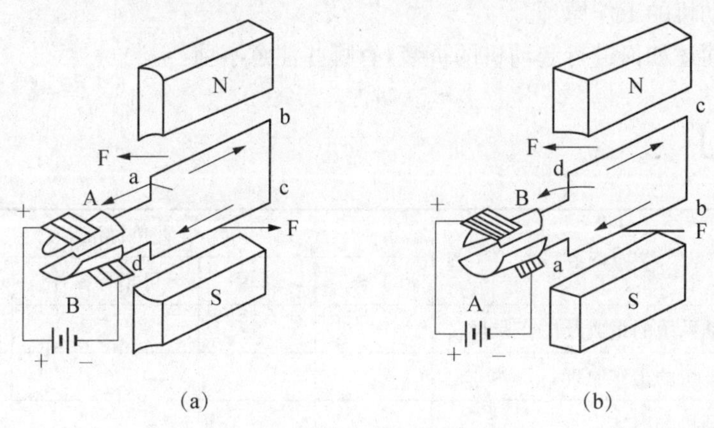

图 6-2-3　起动机工作原理

(a) 电流方向 a→d　(b) 电流方向相反 d→a

【任务实训】

1. 起动机的拆卸

(1) 断掉电瓶负极线。

注意:拆卸电瓶线之前要确定车辆是否配备原车防盗及收音机防盗功能,如配备有要先找到密码。

(2) 移除防短路盖,拆下起动机电缆,拔下连接器,如图 6-2-4 所示。

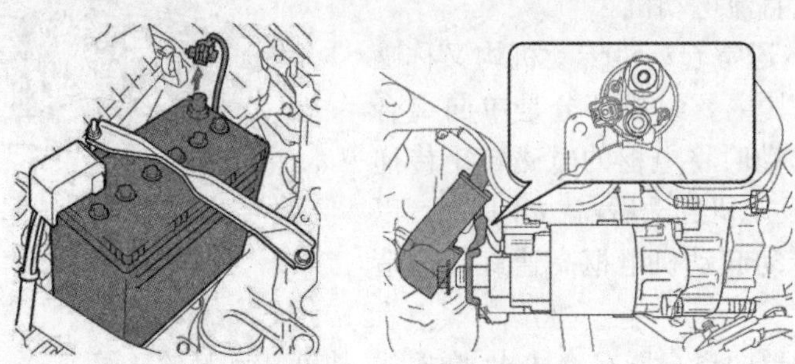

图 6-2-4　拆卸起动机

2. 起动机的安装

(1) 起动机通过安装支架与发动机相连,安装时要先将支架套在起动机上。

(2) 装上垫片、弹簧垫和螺母,并用力旋紧。

(3) 将支架连同起动机一起装在发动机上。

(4) 检查安装在起动机外壳的两个螺栓能否在支架槽孔中活动,调整起动机到最佳位置,最后以 20 N·m 的力矩拧紧紧固螺母。

【任务检查】

1. 简述起动机的工作原理。
2. 分步骤简述如何进行起动机的拆装,有哪些注意事项。

【任务评估】

序号	学习内容	评价标准			
		了解	掌握	可指导操作	可独立操作
1	起动系统的组成及工作原理				
2	起动机的工作原理				
3	起动机的拆装				

项目七

发动机总成的拆装

【导航】

本项目通过对五菱发动机进行拆装，了解五菱发动机的基本结构及基本组成，完成拆装任务，掌握发动机拆卸的基本要求及规范，为发动机的学习打下良好的基础。

1. 实训要求

(1) 质量要求：在满足生产规范及质量要求的前提下，能够熟练快速地完成发动机的拆装工作。

(2) 安全要求：严格按照安全操作规程进行项目作业。

(3) 文明要求：自觉按照文明生产规则进行项目作业。

(4) 环保要求：努力按照环境保护要求进行项目作业。

2. 实训器材

(1) 设备：五菱发动机。

(2) 工量具：常用工具和专业工具各1套。

3. 实训职责

(1) 实训教师职责：讲解实训任务的操作步骤和相关注意事项；做好学生角色分工。下达操作口令；巡视、检查、指导和纠正学生操作中的错误；课堂总结；组织学生对实训场地及设备进行清洁和整理。

(2) 学生职责：认真按照实训教材操作；完成教师布置的任务；做好课后的清洁和整理工作。

【计划】

1. 理论知识

(1) 了解五菱发动机总体结构。

(2) 熟悉五菱发动机各部件结构、名称及安装位置。

2. 技能知识

(1) 发动机的拆卸方法和步骤。

(2) 发动机的装配方法和步骤。

任务一　发动机的拆卸

【任务实训】

1. 作业前准备

(1) 清洁整理工具、设备。

(2) 检查工具是否齐全。

2. 发动机外围的拆卸

1) 拆卸发电机总成

(1) 选用 φ12 mm 套筒、指针式扭力扳手配合,拧松发电机皮带调整螺母。

(2) 选用 φ12 mm 套筒、棘轮扳手,拧出发电机皮带调整螺母(见图 7-1-1、图 7-1-2)。

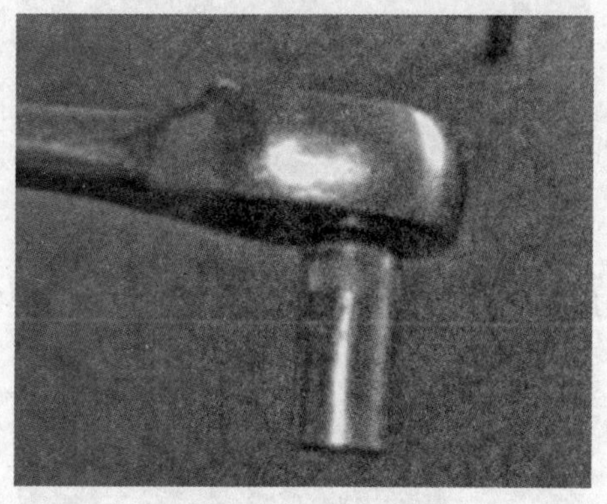

图 7-1-1　套筒

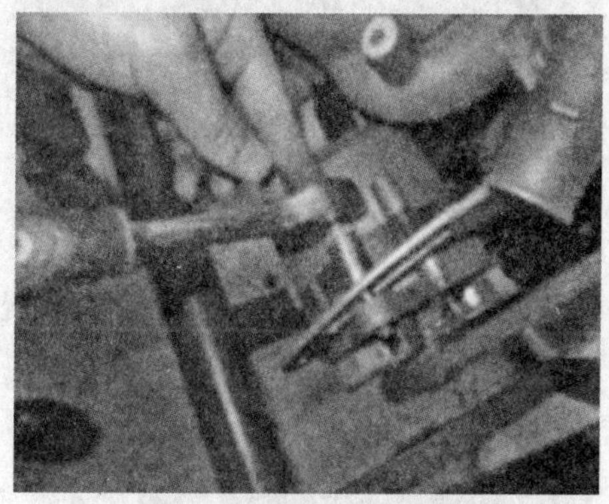

图 7-1-2　拧螺母

(3) 取下皮带圈(见图 7-1-3)。

(4) 拧松并拆下发电机固定螺母,拆下发电机(见图 7-1-4)。

注意:拧松螺栓要先用扭力扳手或梅花扳手,再用棘轮扳手;拆下的零件要摆放整齐。

2) 拆卸燃油分配管及喷油器

(1) 选用 φ12 mm 套筒、指针式扭力扳手、棘轮扳手。

(2) 拧出燃油分配管两颗固定螺栓(见图 7-1-5)。

(3) 拔下燃油分配管及喷油器(见图 7-1-6)。

图 7－1－3　取下皮带圈

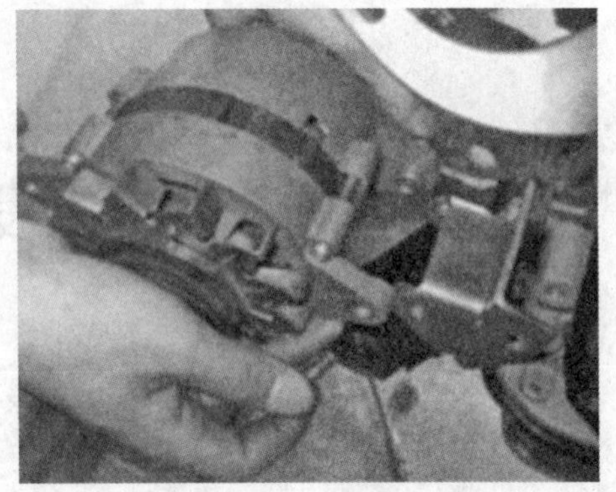
图 7－1－4　拆下发电机

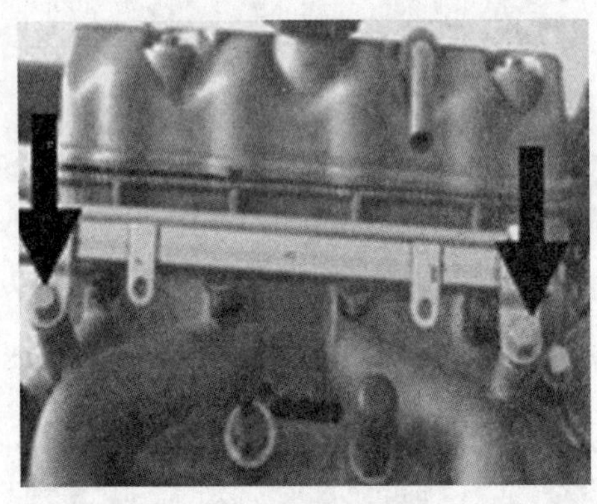
图 7－1－5　螺栓

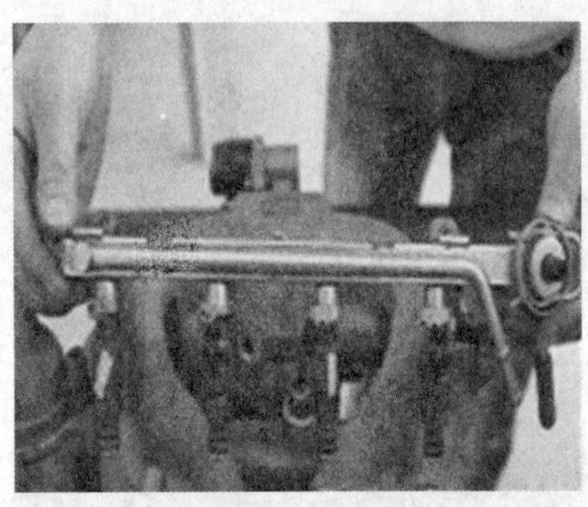
图 7－1－6　拔下燃油分配管及喷油器

3）拆卸进气歧管

（1）翻转机体，使进气歧管在上。

（2）选用 φ12 mm 套筒、棘轮扳手，按交叉顺序拧下进气歧管固定螺栓（见图 7－1－7）。

图 7－1－7　拧下固定螺栓

图 7－1－8　取下进气歧管

（3）取下进气歧管（见图 7－1－8）。

4）拆卸排气歧管

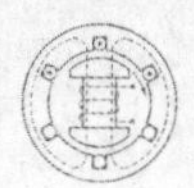

(1) 翻转机体,使排气歧管在上。

(2) 选用 φ12 mm 套筒、棘轮扳手,按交叉顺序拧下排气歧管固定螺栓(见图 7-1-9)。

图 7-1-9　拧下螺栓

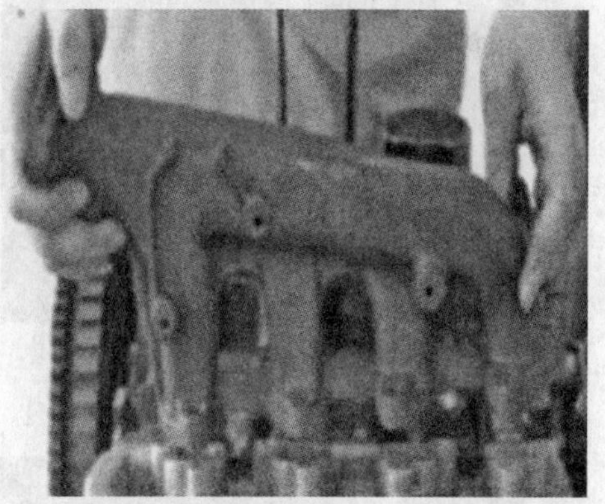
图 7-1-10　取下排气歧管

(3) 取下排气歧管(见图 7-1-10)。

5) 拆卸气门室罩盖

(1) 选用 φ10 mm 套筒、短接杆、棘轮扳手,组合拧松螺栓。

(2) 拧下 4 颗螺栓(见图 7-1-11)。

图 7-1-11　拧下螺栓

图 7-1-12　取下气门室罩盖

(3) 取下气门室罩盖(见图 7-1-12)。

6) 拆卸水泵皮带轮

(1) 选用 φ10 mm 套筒、棘轮扳手。

(2) 拧下 4 颗螺栓(见图 7-1-13)。

(3) 取下水泵皮带轮(见图 7-1-14)。

7) 拆卸曲轴皮带轮

(1) 选用 φ17 mm 套筒、短接杆、指针式扭力扳手配合松动曲轴皮带轮紧固螺栓(见图 7-1-15)。

(2) 选用 φ17 mm 套筒、短接杆、棘轮扳手配合松动曲轴皮带轮紧固螺栓。

图 7-1-13　拧下螺栓

图 7-1-14　取下水泵皮带轮

图 7-1-15　紧固螺栓

图 7-1-16　取下皮带轮

(3) 用手取下曲轴皮带轮紧固螺栓及皮带轮(见图 7-1-16)。

注意:如果紧,则用拉拔器来拆卸;不要使皮带轮掉落避免人员受伤。

8) 拆卸正时齿带外防护罩

(1) 选用 φ8 mm 套筒、棘轮扳手配合拧松 6 颗防护罩螺栓(见图 7-1-17)。

图 7-1-17　拧松螺栓

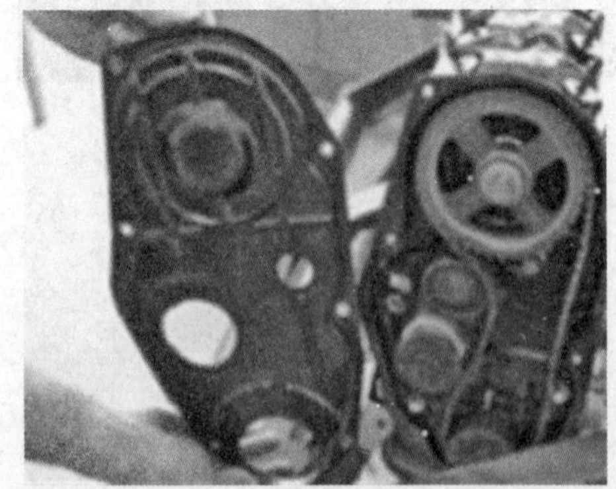
图 7-1-18　取下防护罩

(2) 用手拧下防护罩螺栓,取下防护罩(见图 7-1-18)。

9) 检查正时记号

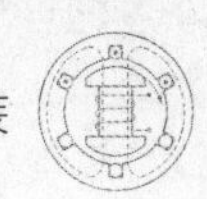

(1) 将1号汽缸设定在压缩上止点位置，转动飞轮，使曲轴正时齿轮正时记号对正内防护罩上的正时标记(见图 7-1-19)。

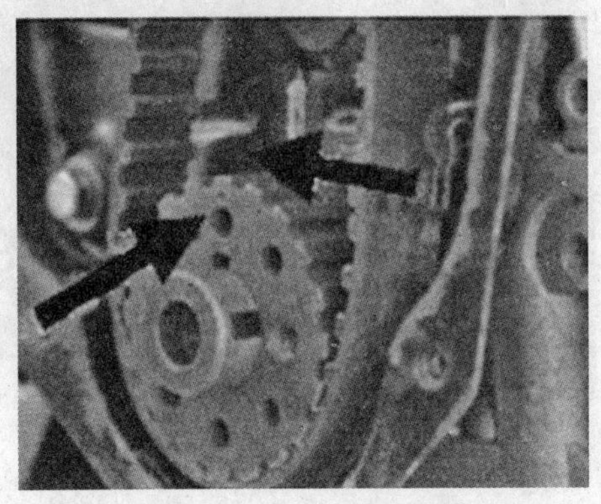
图 7-1-19　对正正时标记

图 7-1-20　检查是否对准正时标记

(2) 检查凸轮轴上的正时记号与内防护罩上的正时标注是否对准。否则，转动曲轴一周(见图 7-1-20)。

10) 拆卸正时齿带张紧轮

(1) 选用 φ12 mm 套筒、棘轮扳手配合拧松张紧轮紧固螺栓(见图 7-1-21)。

(2) 取下张紧轮、正时皮带(见图 7-1-22)。

图 7-1-21　拧松螺栓

图 7-1-22　取下张紧轮、正时皮带

11) 拆卸曲轴正时齿轮

(1) 用两把一字螺丝刀对称拆卸。

注意：取出时注意槽口的位置；在一字螺丝刀上套上塑料套管或用胶布包上，以免拆卸时损伤曲轴正时齿轮。

(2) 双手配合取下正时齿轮(见图 7-1-23)。

12) 拆卸凸轮轴正时齿轮

(1) 用 φ17 mm 套筒、指针式扭力扳手配合松动凸轮轴正时带轮紧固螺栓(见图 7-1-24)。

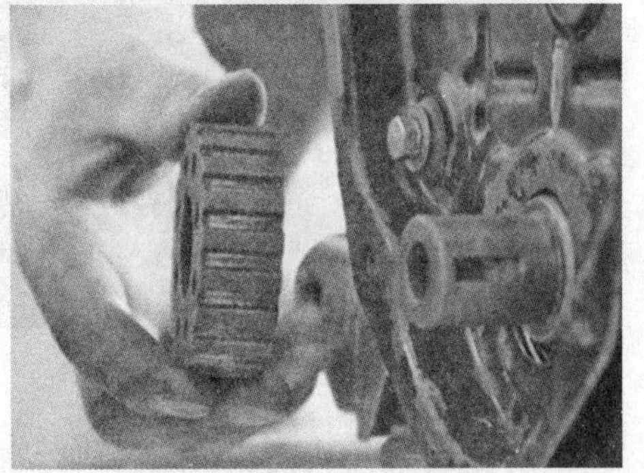
图 7-1-23　取下正时齿轮

图 7-1-24　拧松螺栓

图 7-1-25　拧下螺栓

(2) 用手拧下紧固螺栓(见图 7-1-25)。

(3) 双手取下凸轮轴正时带轮(见图 7-1-26)。

图 7-1-26　取下正时带轮

13) 拆卸正时齿带内防护罩

(1) 选用 $\varphi 8$ mm T 形扳手拧松 4 颗内防护罩紧固螺栓(见图 7-1-27)。

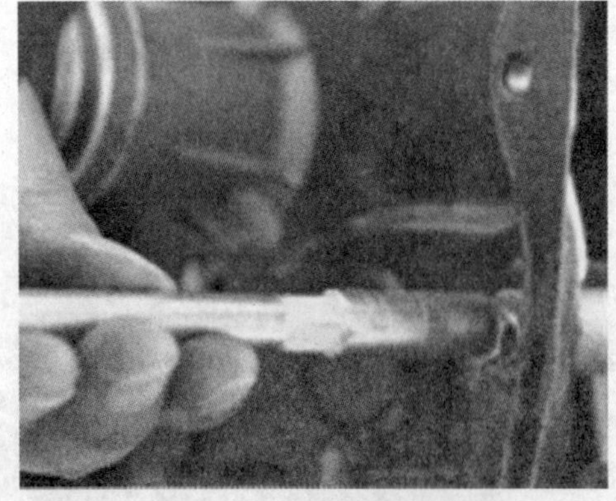
图 7-1-27　拧松螺栓

图 7-1-28　取下内防护罩

(2) 用手拧下内防护罩螺栓,取下内防护罩(见图 7-1-28)。

(3) 拆下的零件要排放整齐。

3. 配气机构的拆卸

1) 拆卸气门摇臂组

(1) 选用十字起子，拆卸推杆螺钉(见图 7-1-29)。

图 7-1-29　拆卸螺钉

(2) 选用胶锤、十字起子，拆卸前、后气门室及摇臂机构，取出推杆。拆卸摇臂螺栓、支座、摇臂和支座垫，如图 7-1-30(a)～(d)所示，将所有的零件按顺序摆放，以便装回原位。

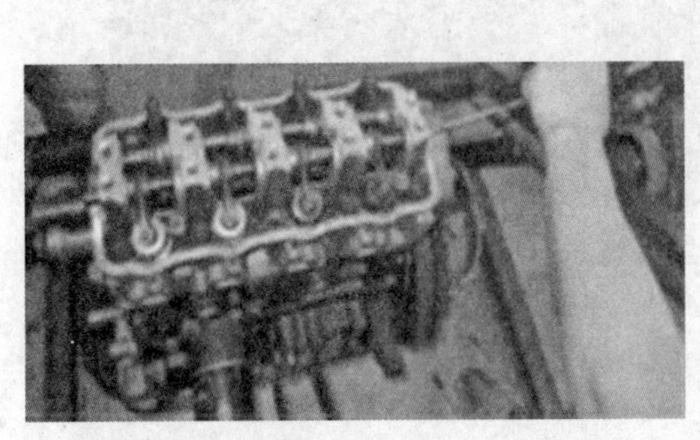

(a)

(b)

(c)

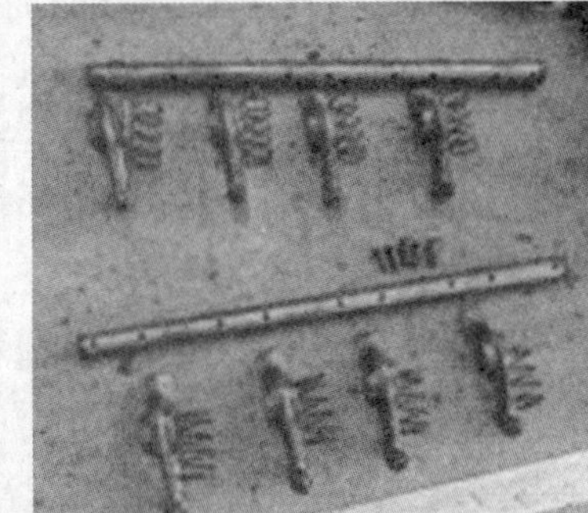

(d)

图 7-1-30　拆卸气门摇臂组

(a) 拆卸摇臂螺栓　(b) 拆卸支座　(c) 拆卸摇臂　(d) 拆卸后

2）拆卸凸轮轴

选用 φ10 mm T 型套筒扳手，拆下凸轮轴止推凸缘固定螺钉，平稳地将凸轮轴抽出（正时齿轮可不拆卸），如图 7－1－31(a)～(d)所示。

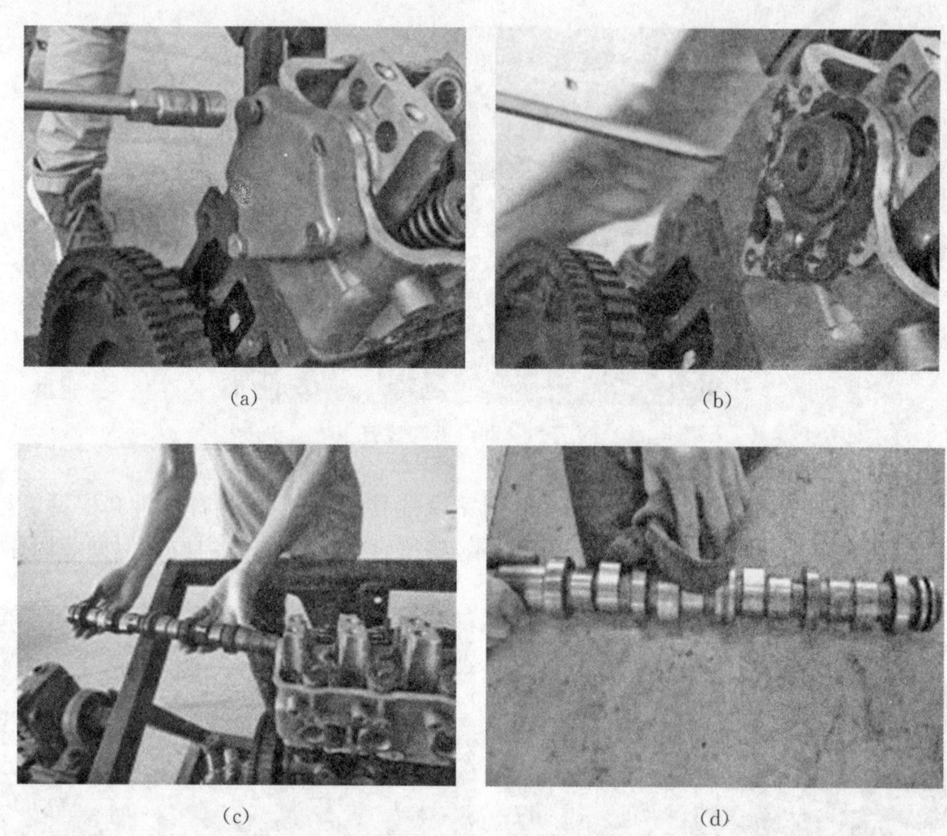

(a)　(b)　(c)　(d)

图 7－1－31　拆卸凸轮轴

(a) 拆卸螺钉　(b) 拆下螺钉后　(c) 取出凸轮轴　(d) 擦拭凸轮轴

3）拆卸汽缸盖

(1) 选用指针式扭力扳手按由四周向中心顺序旋松汽缸盖螺栓，以防汽缸盖变形（见图 7－1－32）。

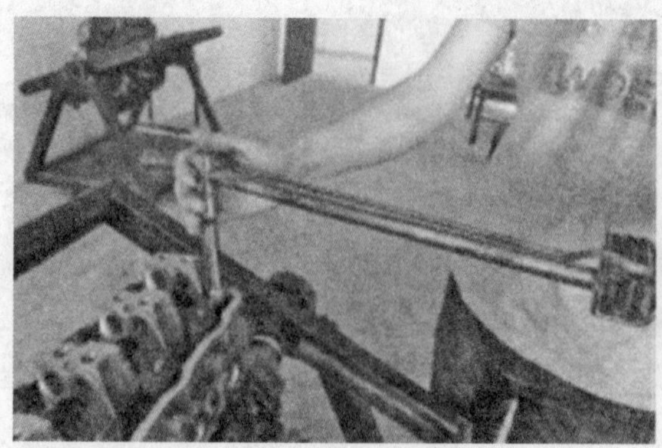

图 7－1－32　拧松螺栓

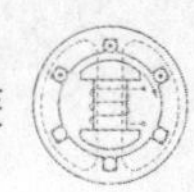

(2) 拆下缸盖螺栓，用橡皮锤锤松汽缸盖，取下汽缸盖(见图 7-1-33)。

图 7-1-33　取下汽缸盖

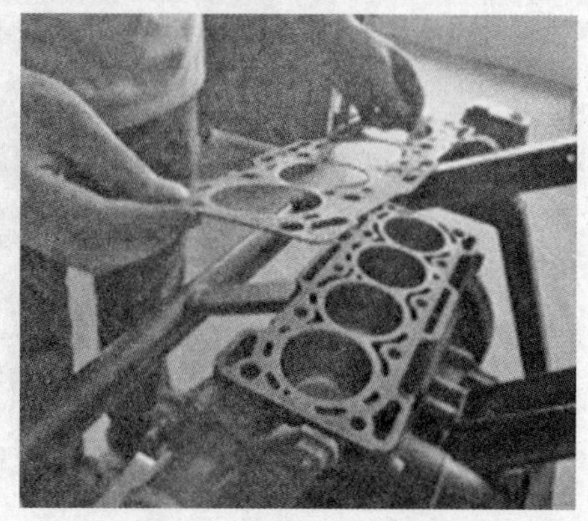

图 7-1-34　取下汽缸垫

(3) 取下汽缸垫(见图 7-1-34)。

(4) 取下定位套。

4) 拆卸进、排气门

用气门弹簧钳拆卸气门弹簧，依次取出锁片、弹簧座、弹簧和气门。将拆下的气门做好相应标记，按顺序放置，解体摇臂机构，如图 7-1-35(a)～(e)所示。

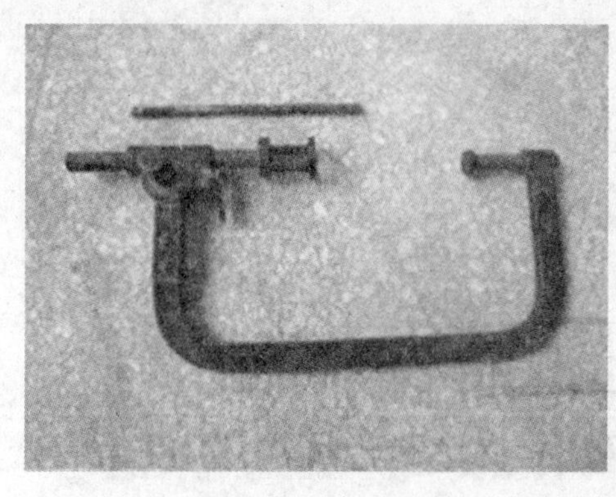

(a)

(b)

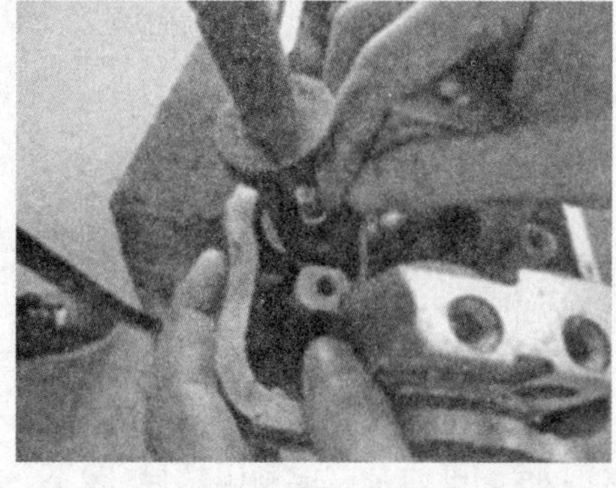

(c)

(d)

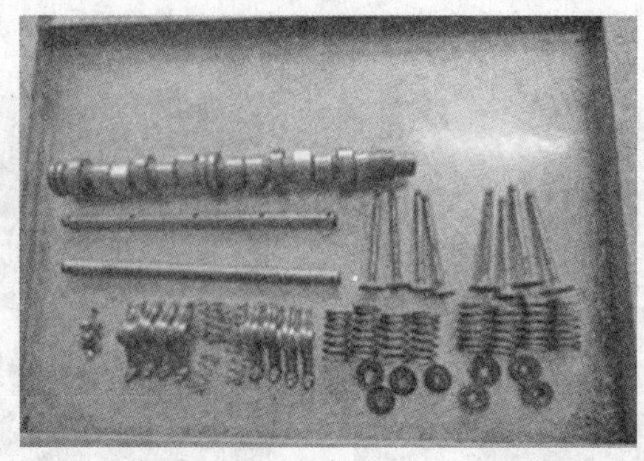

(e)

图 7-1-35　拆卸进、排气门

(a) 气门弹簧　(b) 取出锁片等　(c) 拆下气门　(d) 解体气门　(e) 解体摇臂机构

注意：所拆下的各零部件应按组分别摆放，以便按原位安装。

4. 润滑系统部件拆卸

1) 拆卸油底壳

选用 φ10 mm 套筒、接杆、棘轮扳手，拧出油底壳各固定螺钉，如图 7-1-36(a)～(b)所示。

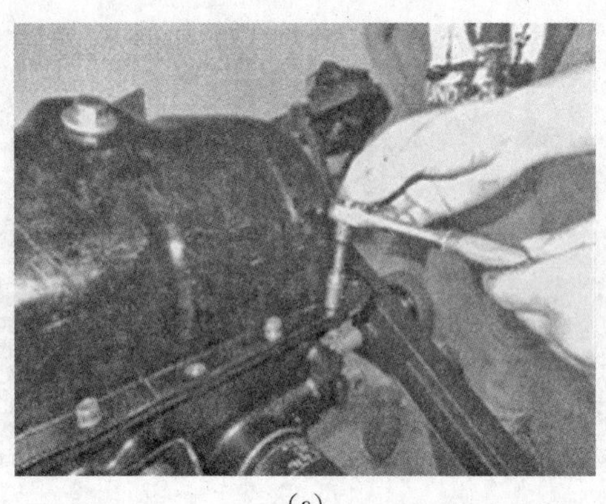

(a)

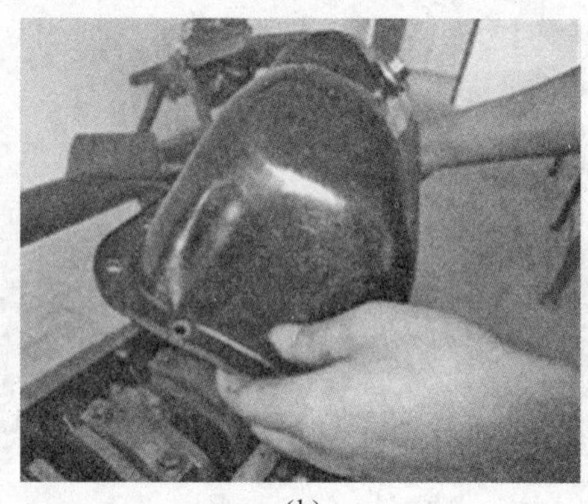

(b)

图 7-1-36　拆卸油底壳

(a) 拧出螺钉　(b) 取下油底壳

图 7-1-37　拆卸机油集滤器

2) 拆卸机油集滤器

(1) 选用 φ10 mm T 型套筒扳手。

(2) 松开紧固螺母，取出密封垫圈，拆下机油集滤器(见图 7-1-37)。

3) 拆卸机油泵

(1) 选用 φ10 mm T 型套筒扳手。

(2) 拆下机油泵总成紧固螺栓(20 N·m)，并将机油泵总成一起拆卸下来。

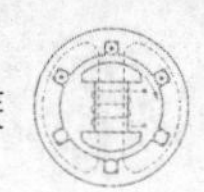

(3) 选用十字起子套筒、接杆、棘轮扳手拆卸机油泵盖螺钉，检查泵盖上的限压阀组，如图 7-1-38(a)～(d)所示。

(a)　(b)　(c)　(d)

图 7-1-38　拆卸机油泵

(a) 套筒拆卸螺钉　(b) 接杆拆卸螺钉　(c) 扳手拆卸螺钉　(d) 检查泵盖

5. 活塞连杆组的拆卸

1) 转动飞轮使第一缸活塞在上止点(见图 7-1-39、图 7-1-40)

图 7-1-39　转动飞轮

图 7-1-40　第一缸活塞在上止点

2）拆卸活塞连杆大头轴承盖

（1）用指针式扭力扳手拧松连杆螺母（见图 7-1-41）。

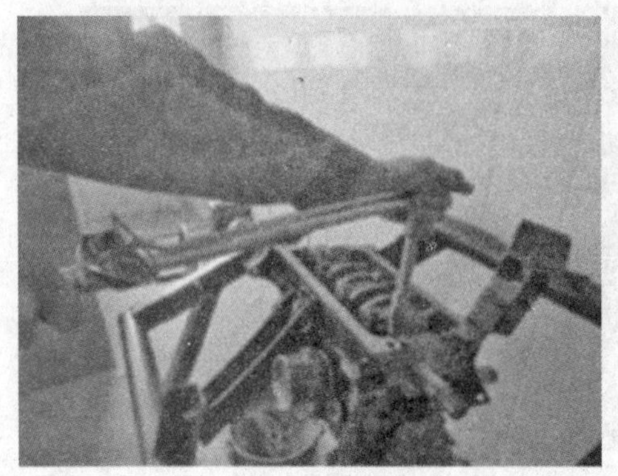
图 7-1-41　拧松螺母

图 7-1-42　旋出螺母

（2）用棘轮扳手旋出螺母（见图 7-1-42）。

（3）用手取下连杆螺母。

（4）用塑料锤轻轻敲击连杆螺栓（见图 7-1-43）。

图 7-1-43　敲击螺栓

图 7-1-44　取下连杆轴承盖

图 7-1-45　套保护套

（5）用手取下连杆轴承盖（见图 7-1-44）。

3）拆卸活塞连杆

（1）把塑料保护套套在连杆螺栓上（见图 7-1-45）。

（2）用锤柄推连杆大端。

（3）用手将活塞连杆组从汽缸内取出。

4）拆卸活塞环

（1）使用活塞环扩张器拆卸第一、二道环（气环）（见图 7-1-46）。

（2）拆卸油环（见图 7-1-47）。

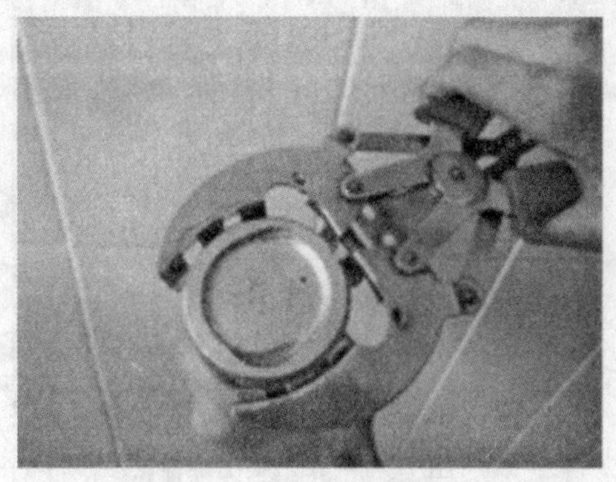

图 7-1-46　拆卸气环

图 7-1-47　拆卸油环

5）组装活塞连杆组

(1) 用手取下塑料保护套。

(2) 把连杆轴承盖及螺母装回连杆。

(3) 把油环、气环装回。

(4) 将活塞连杆组装回汽缸(见图 7-1-48)。

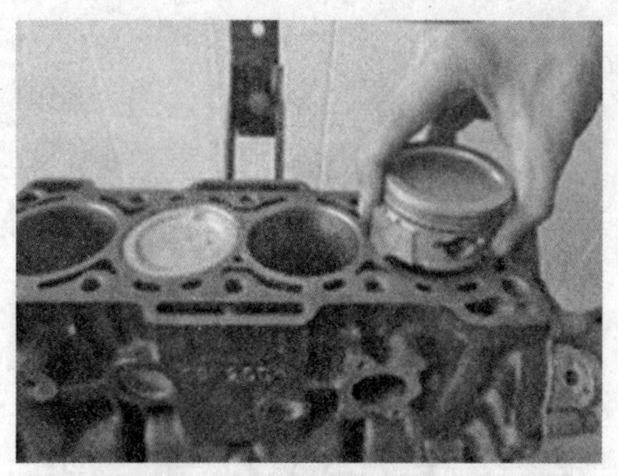

图 7-1-48　装回活塞连杆组

图 7-1-49　拧松螺栓

6. 曲轴飞轮组的拆卸

1）拆卸飞轮

用 φ14 mm 套筒、短接杆、指针式扭力扳手拧松飞轮固定螺栓(见图 7-1-49)。

提示：对角交叉拧松螺栓；工具用完后应进行清洁，并将其放到工具车内。

2）拆卸油封(见图 7-1-50)

3）拆曲轴轴承盖

(1) 用 φ14 mm 套筒、短接杆、指针式扭力扳手拧松曲轴轴承盖螺栓(见图 7-1-51)。

提示：曲轴轴承盖螺栓拧松顺序为：1—5—

图 7-1-50　拆卸油封

图 7-1-51　拧松螺栓

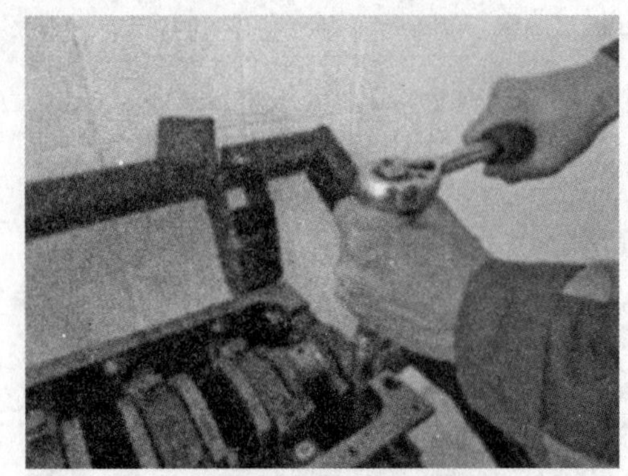

图 7-1-52　旋出螺栓

2—4—3；工具用完后应进行清洁，并将其放到工具车内。

(2) 用 φ14 mm 套筒、短接杆、棘轮扳手旋出曲轴轴承盖螺栓(见图 7-1-52)。

提示：曲轴轴承盖螺栓旋出顺序为 1—5—2—4—3；工具用完后应进行清洁，并将其放到工具车内。

(3) 用塑料锤轻轻敲击曲轴轴承盖的侧面。

提示：用力适度，以免损坏曲轴轴承盖与轴承座之间的配合面；工具用完后应进行清洁，并将其放到工具车内。

(4) 用手晃动曲轴轴承盖，取下曲轴轴承盖(见图 7-1-53)。

图 7-1-53　取下曲轴轴承盖

图 7-1-54　摆放轴承盖

图 7-1-55　拆卸曲轴

提示：应左右方向晃动曲轴轴承盖，直到取下曲轴轴承盖为止；按 1—5—2—4—3 的顺序依次拆下曲轴轴承盖。

(5) 拆卸第三道轴承盖两侧两片下半圆止推环。

(6) 把轴承盖螺栓、轴承盖、半圆止推环、轴瓦按指定位置整齐摆放(见图 7-1-54)。

4) 拆下曲轴

两人配合(或单人双手)将曲轴抬起，放到指定位置(见图 7-1-55)。

5）取下止推环

用手取下两片上半圆止推环、5 道上轴瓦放到指定位置(见图 7－1－56)。

图 7－1－56　取下止推环

提示:轴瓦取下后,按顺序摆放,防止因错位而影响上轴瓦与下轴瓦座之间的正确配合。

6）整理工具、清洁工位

【任务检查】

1. 简述发动机拆卸前要做哪些准备。
2. 发动机拆卸时,有哪些注意事项?

【任务评估】

学习内容	评价标准			
	了解	掌握	可指导操作	可独立操作
发动机的拆卸				

任务二　发动机的安装

【任务实训】

1. 作业前准备

(1) 清洁整理工具、设备。

(2) 检查工具是否齐全。

2. 曲轴飞轮组的安装

1) 安装曲轴

(1) 用清洁布清洁曲轴轴承座(见图 7-2-1)。

图 7-2-1　清洁曲轴轴承座

图 7-2-2　清洗上轴承等

(2) 用柴油清洗上轴承、上半圆止推环、曲轴、下轴承、下半圆止推环、轴承盖及螺栓等(见图 7-2-2)。

注意:用柴油清洗完后,用气枪吹净各个部件上的柴油,禁止将气枪吹向人体,特别是眼睛。

(3) 安装上轴承,在上轴承工作表面涂抹适量机油,并用手均匀涂抹(见图 7-2-3、图 7-2-4)。

注意:5 个轴承必须装到相对应的轴承座上,并对准轴承凸起处和轴承座的凹槽处。

(4) 安装上半圆止推环。

注意:两片上半圆推环带油槽的一面要朝外安装,因为油槽可以引导润滑油流回油底

图 7-2-3　安装上轴承

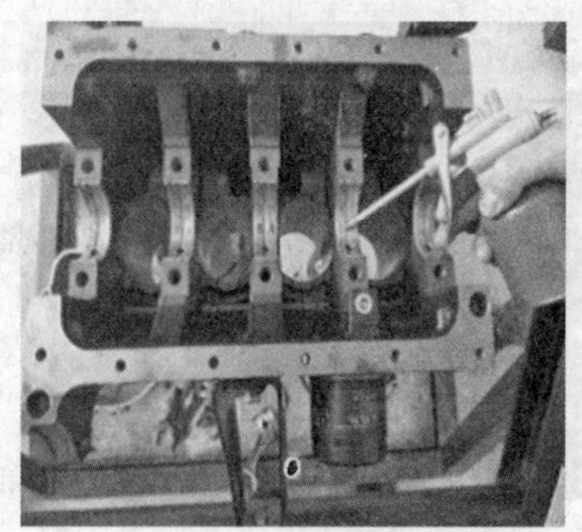
图 7-2-4　涂抹机油

壳，并且在油流动的过程中带走摩擦产生的热量。

(5) 将曲轴抬起并端平，轻轻放在轴承座上(见图 7-2-5)。

注意：将曲轴放置在轴承座上时，一定要把曲轴端平，缓慢下落，否则，不仅容易落座，而且容易损伤轴承和轴颈。此时不要转动曲轴，以防损坏轴承。

图 7-2-5　放入曲轴

图 7-2-6　涂抹机油

(6) 在曲轴颈上均匀涂抹适量机油(见图 7-2-6)。

注意：目的是使曲轴的主轴颈能够得到全面的润滑。

(7) 安装第三道轴承盖(见图 7-2-7)。

注意：在第三道轴承盖上装入下轴承，对准下轴承凸起处和轴承盖上的凹槽处；将两片下半圆的止推环装入轴承盖上；确认轴承盖的数字顺序和朝前标记，将第三道轴承盖安放在相应的轴承座上(轴承盖上的标记"←"应朝前)；将轴承盖螺栓放入螺栓孔内，并用手将螺栓拧紧几圈；用锤柄轻轻敲击轴承盖，使轴承盖与轴承座紧密结合。

(8) 使用同样的方法依次安装其他 4 道轴承盖。

图 7-2-7　安装轴承盖

图 7-2-8 拧紧螺栓

(9) 用棘轮扳手、φ14 mm 套筒、短接杆按顺序(3—2—4—1—5)拧紧轴承盖固定螺栓(见图 7-2-8)。

注意:装一道轴承盖后,应使曲轴转动一圈,以检查安装情况是否正确,接着按下一步操作。

(10) 用预调式扭力扳手、φ14 mm 套筒、短接杆分 3 次拧紧轴承盖固定螺栓。

注意:每一道轴承螺栓拧到规定力矩后,应使曲轴转动一圈,以检查安装情况是否正确,接着按下一步操作。

(11) 转动皮带轮,检查曲轴的转动情况。

2) 安装飞轮

(1) 装上飞轮,将飞轮固定螺栓放上螺栓孔内,用手拧紧几圈。

(2) 用棘轮扳手、φ14 mm 套筒、短接杆按对角交叉的顺序拧紧飞轮固定螺栓。

(3) 清洁、整理工作、工位,工具归位。

3. 活塞连杆组的安装

1) 安装活塞环

(1) 用柴油清洁各活塞环、活塞、连杆总成(见图 7-2-9、图 7-2-10、图 7-2-11)。

图 7-2-9 清洗活塞环

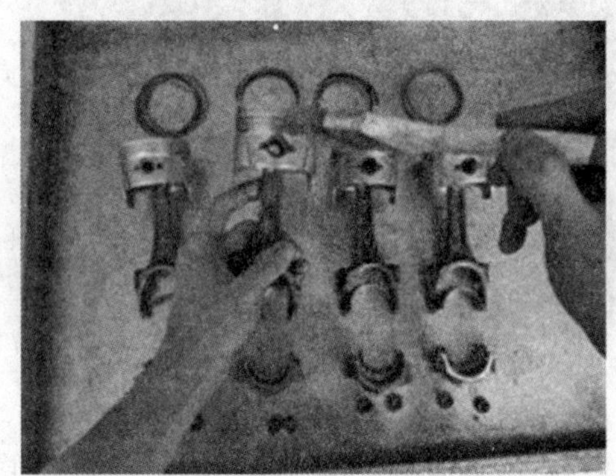

图 7-2-10 清洗活塞环

图 7-2-11 清洗连杆

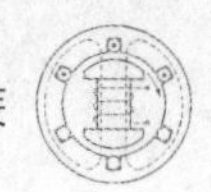

(2) 用清洁抹布清洁活塞环、活塞、连杆总成上的柴油(见图 7-2-12、图 7-2-13、图 7-2-14)。

注意:清洁活塞连杆组的各零部件,要按顺序摆放整齐,不能弄乱。

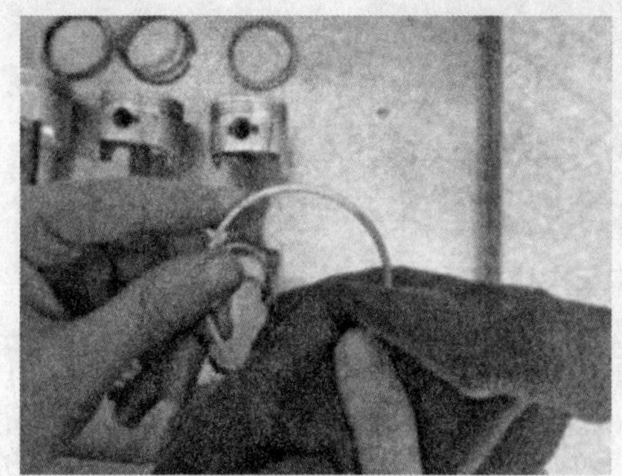
图 7-2-12　清洁活塞环

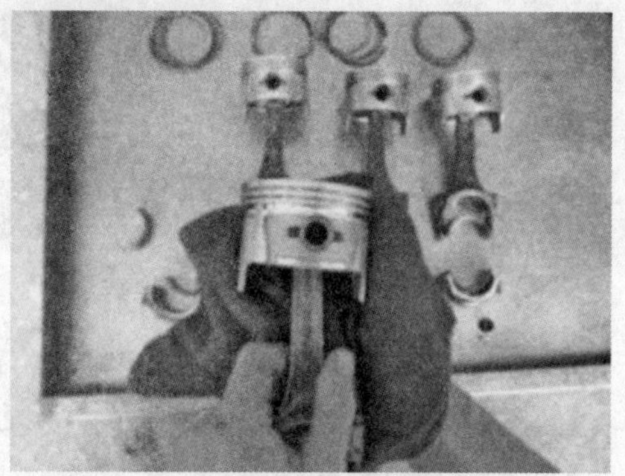
图 7-2-13　清洁活塞

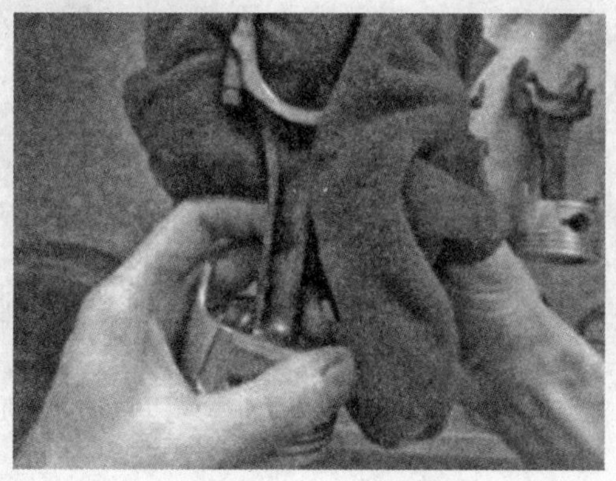
图 7-2-14　清洁连杆

(3) 用手安装油环弹簧、上下刮油环(见图 7-2-15、图 7-2-16)。

图 7-2-15　安装油环弹簧

图 7-2-16　安装上下刮油环

(4) 用活塞环拆装钳,分别装入第二道、第一道气环(见图 7-2-17)。

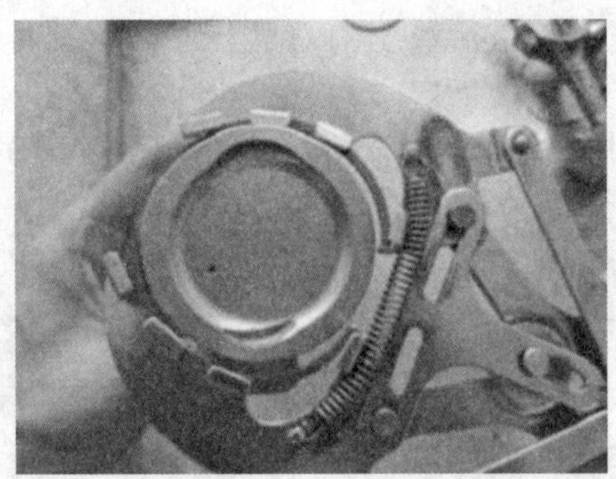
图 7-2-17　装入气环

注意:第一跟第二道环的识别,以及各环的装配记号要正确。

2) 将活塞连杆组装入汽缸内

(1) 将发动机平置(见图 7-2-18)。

图 7-2-18　发动机平置

图 7-2-19　清洁汽缸

(2) 用清洁的抹布清洁汽缸(见图 7-2-19)。

(3) 检查、调整 1 缸的连杆轴颈在活塞下止点位置(见图 7-2-20)。

图 7-2-20　检查连杆轴颈位置

图 7-2-21　清洁连杆轴颈

注意:曲轴应该能转动正常,无过松过紧现象。

(4) 清洁连杆轴颈(见图 7-2-21)。

(5) 清洁、润滑连杆轴颈、汽缸内壁(见图 7-2-22、图 7-2-23)。

图 7-2-22　清洁连杆轴颈

图 7-2-23　清洁汽缸内壁

(6) 选择 1 缸活塞组。

(7) 对活塞环槽、活塞裙部、连杆轴承处涂抹润滑油(见图 7-2-24、图 7-2-25、图 7-2-26)。

图 7-2-24　活塞环槽涂机油

图 7-2-25　活塞裙部涂机油

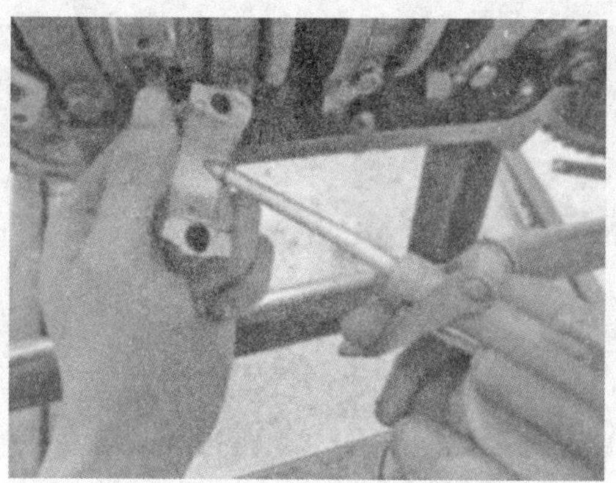

图 7-2-26　连杆轴承涂机油

(8) 调整各道活塞环端口位置(见图 7-2-27)。

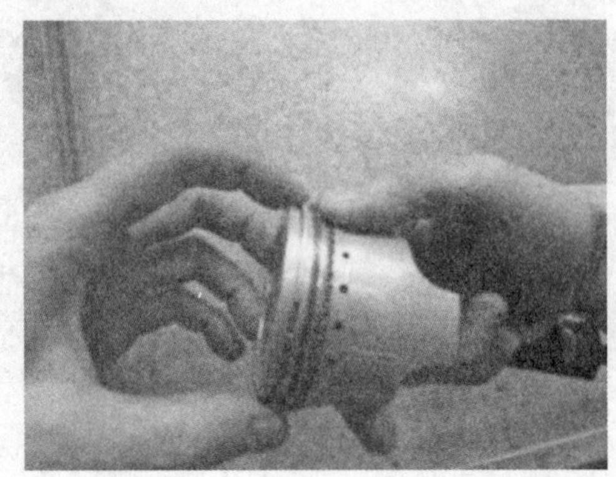

图 7-2-27 调整活塞环端口位置

(9) 为连杆螺栓套上塑料保护套、将活塞连杆组轻轻放入汽缸内(见图 7-2-28、图 7-2-29)。

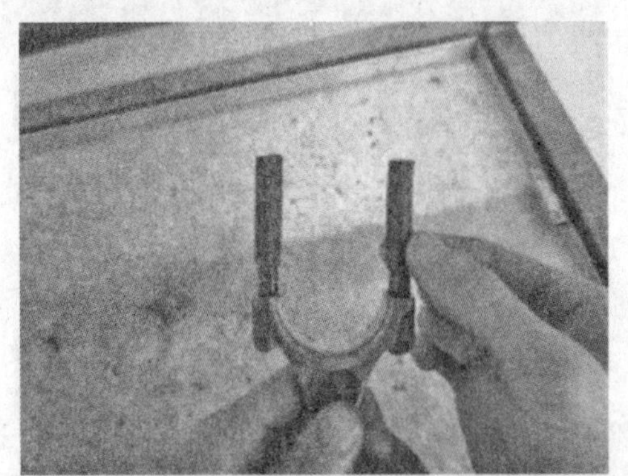

图 7-2-28 套上保护套

图 7-2-29 放入活塞连杆组

(10) 清洁卡箍内表面并均匀涂上机油(见图 7-2-30)。

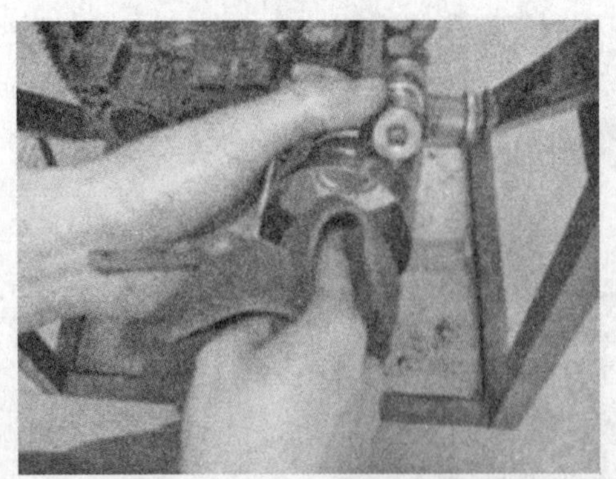

图 7-2-30 清洁卡箍内表面

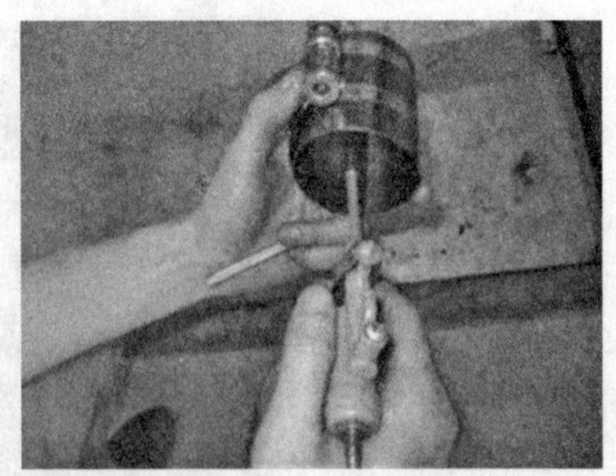

图 7-2-31 收紧活塞环

(11) 用活塞环卡箍将活塞环收紧(见图 7-2-31)。

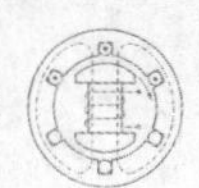

注意：用木锤柄轻轻敲击活塞环卡箍的上边缘，使其安装牢靠。

(12) 用木锤柄轻轻敲击活塞顶部，将活塞推入汽缸内(见图 7-2-32)。

注意：缓慢击打活塞顶部位置，另外还要一人辅助活塞连杆，让其顺势到轴径位置。

(13) 安装连杆下轴承盖。

① 应在轴瓦内外表面涂抹润滑油。

② 注意下轴承盖的安装方向，有定位槽应在同一边位置。

图 7-2-32　活塞推入汽缸

③ 用手压下轴承盖到位(见图 7-2-33)。

(14) 按规定力矩和要求上紧连杆螺栓。

① 用手将连杆固定螺母旋上几扣(见图7-2-34)。

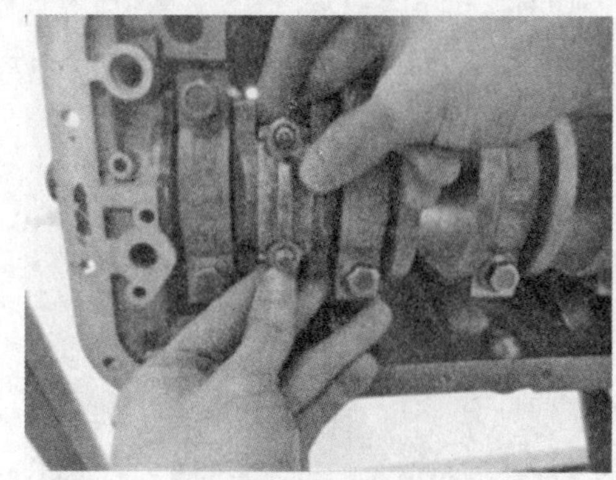

图 7-2-33　压下轴承盖

图 7-2-34　螺母旋上几扣

② 选用 φ12 mm 套筒、短接杆、棘轮扳手对连杆固定螺母进行紧固(见图 7-2-35、图 7-2-36)。

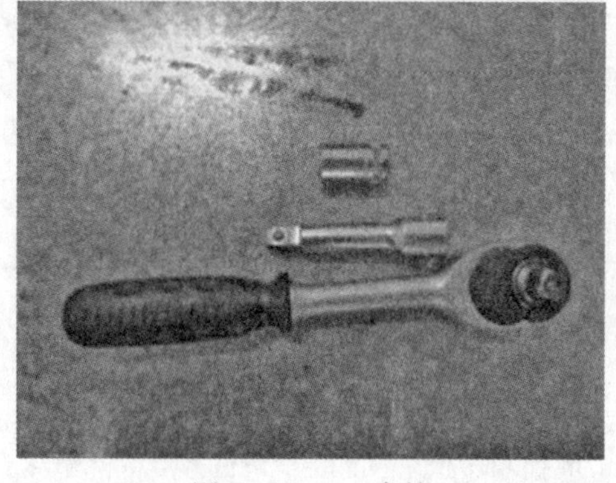

图 7-2-35　套筒

图 7-2-36　紧固螺母

注意：应均匀紧固固定螺母并旋转到位。

③ 选用预调式扭力扳手拧紧连杆螺栓(见图 7-2-37)。

注意:操作时分两次交替拧紧螺母。拧紧力分别为 28 N·M 和 56 N·M。

图 7-2-37　拧紧螺栓

图 7-2-38　转动飞轮

④ 转动飞轮,检查曲轴的转动情况(见图 7-2-38)。

注意:转动飞轮一周应无过松过紧。若转动沉重,则进行检查;若平顺,则继续下一步操作。

(15) 依次装入第四、三、二组活塞连杆组。

(16) 整理工具、工位,清洁场地。

4. 润滑系统的安装

(1) 安装机油泵、后油封(见图 7-2-39、图 7-2-40)。

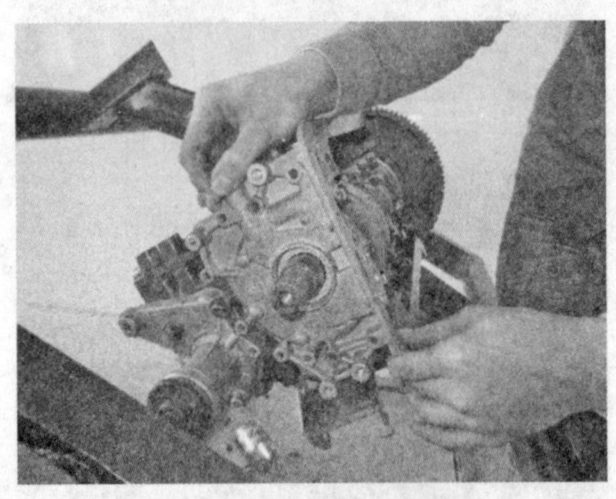

图 7-2-39　安装机油泵

图 7-2-40　安装后油封

(2) 安装机油集滤器(见图 7-2-41)。

(3) 安装油底壳(见图 7-2-42)。

5. 配气机构安装

(1) 清洁配气机构零部件(见图 7-2-43)。

(2) 安装进、排气门组(见图 7-2-44、图7-2-45)。

(3) 安装凸轮轴(见图 7-2-46)。

(4) 安装气门摇臂组(见图 7-2-47)。

图 7-2-41　安装机油滤清器

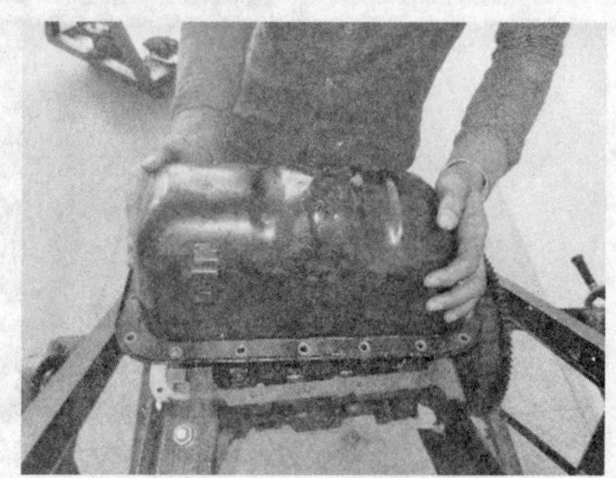

图 7-2-42　安装油底壳

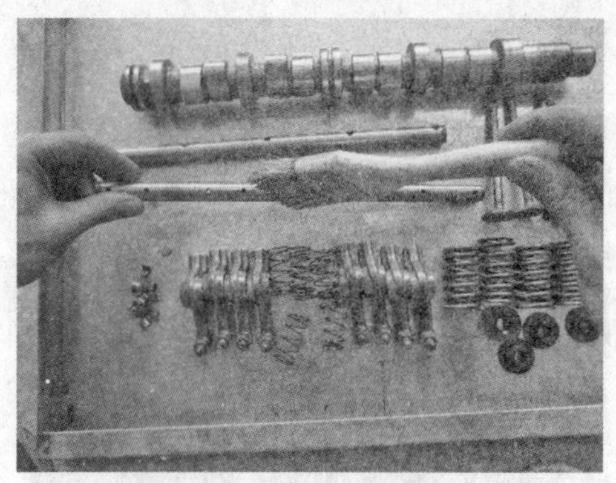

图 7-2-43　清洁配气机构

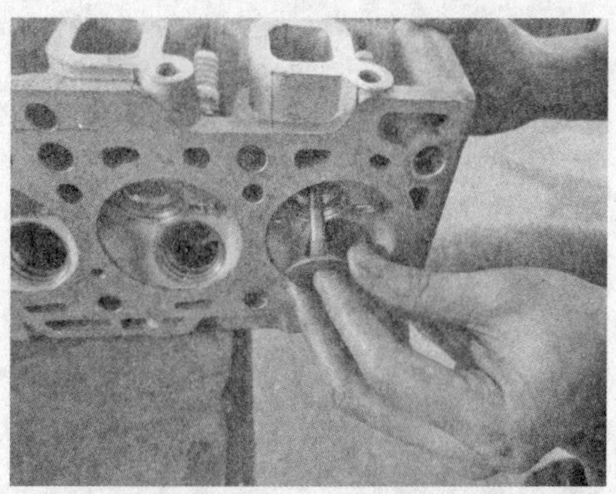

图 7-2-44　安装进气门

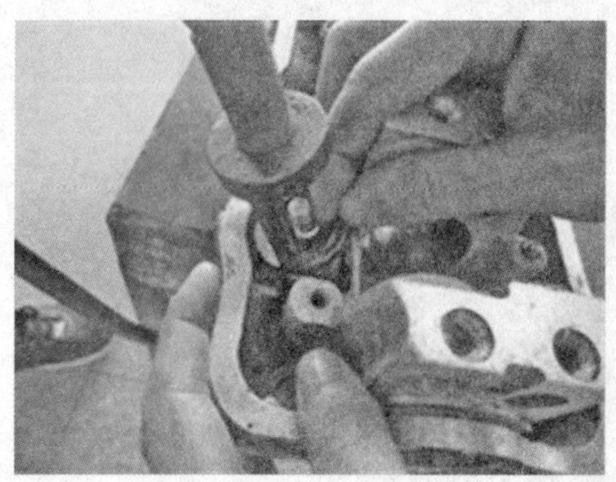

图 7-2-45　安装排气门

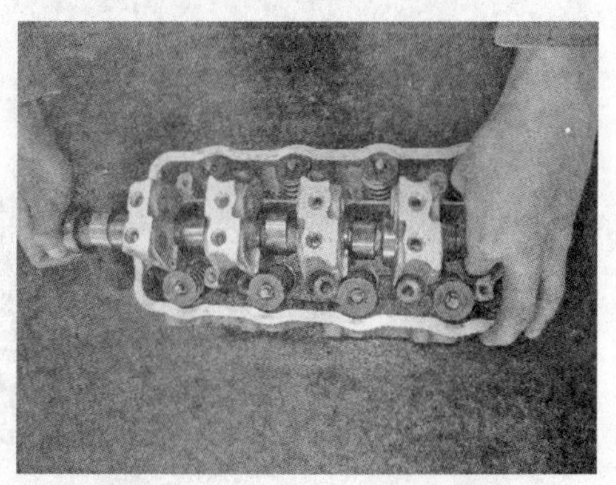

图 7-2-46　安装凸轮轴

图 7-2-47　安装气门摇臂组

6. 汽缸盖的安装

1）安装汽缸垫

(1) 清洁缸体表面、各孔、道(见图 7-2-48)。

图 7-2-48　清洁缸体

图 7-2-49　安装定位套

(2) 检查安装定位套(见图 7-2-49)。

(3) 正确安装汽缸垫(见图 7-2-50)。

图 7-2-50　安装汽缸垫

2) 安装汽缸盖

(1) 清洁汽缸盖下表面(见图 7-2-51)。

图 7-2-51　清洁汽缸下表面

图 7-2-52　对准汽缸盖

(2) 将汽缸盖对准放置到缸体上对应安装位置(见图 7-2-52)。

(3) 清洁、润滑汽缸盖螺栓,用手将螺栓旋到位(见图 7-2-53、图 7-2-54、图 7-2-55)。

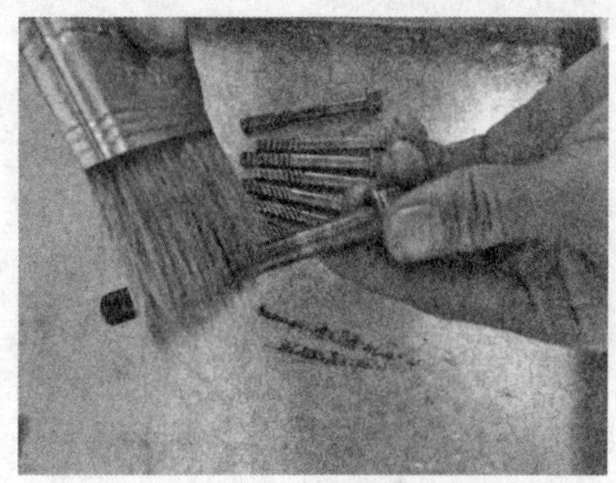

图 7-2-53　清洁螺栓

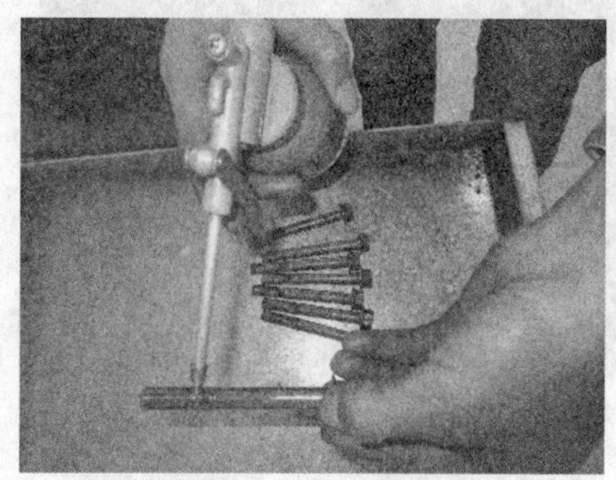

图 7-2-54　润滑螺栓

图 7-2-55　安装螺栓

(4) 按规定顺序及力矩，将汽缸盖螺栓拧紧。

① 选用 φ14 mm 套筒、短接杆、棘轮扳手对汽缸盖螺栓进行预紧（见图 7-2-56）。

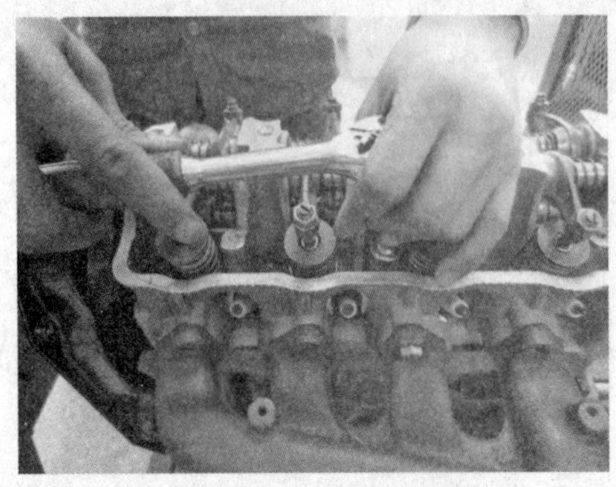

图 7-2-56　预紧螺栓

图 7-2-57　拧紧螺栓

② 选用预调式扭力扳手拧紧汽缸盖螺栓（见图 7-2-57）。

注意：操作时分两次按上紧顺序拧紧螺母。拧紧力分别为 30 N·M 和 60 N·M。

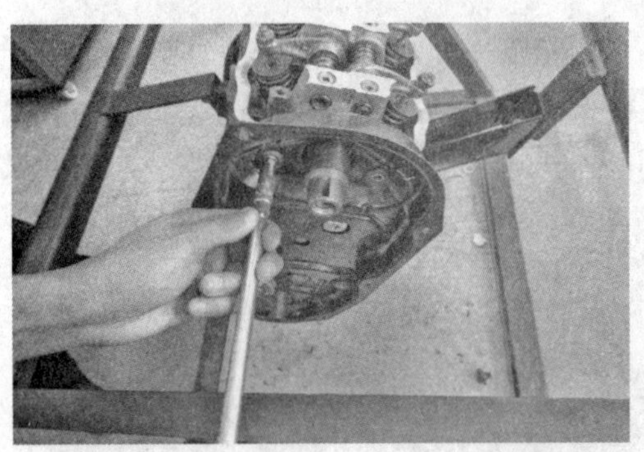

图 7-2-58　拧紧螺栓

7. 发动机外围附件的安装

1）正时机构的安装

(1) 安装正时齿带内防护罩。

选用 φ10 mm 丁形扳手将 4 颗内防护罩紧固螺栓拧紧，如图 7-2-58 所示。

(2) 安装凸轮轴正时带轮、曲轴正时齿轮。

① 用 φ17 mm 套筒、定力扳手配合将凸轮轴正时带轮紧固螺栓拧紧，如图 7-2-59 所示。

② 对准槽口的位置，双手将曲轴正时齿轮套进曲轴上，如图 7-2-60 所示。

图 7-2-59　安装紧固螺栓

图 7-2-60　安装曲轴正时齿轮

(3) 安装正时齿形带。

① 将 1 号汽缸设定在压缩上止点位置，转动飞轮，使曲轴正时齿轮正时记号对正内防护罩上的正时标记，如图 7-2-61 所示。

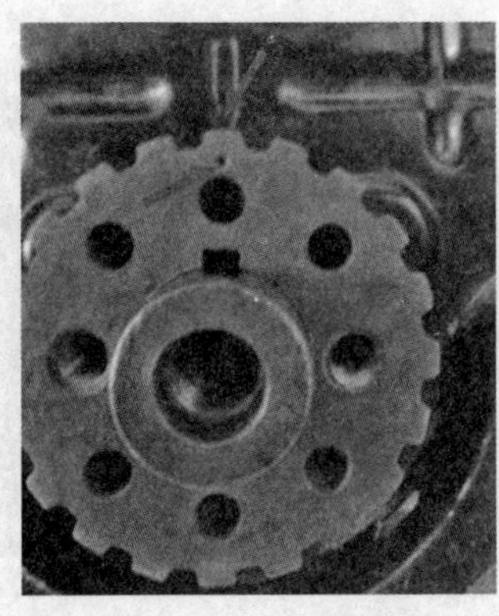

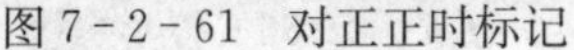

图 7-2-61　对正正时标记

图 7-2-62　对准正时标记

② 转动凸轮轴，使其上的正时记号与内防护罩上的正时标记对准，如图 7-2-62 所示。

③ 先将正时齿形带套入曲轴正时齿轮，拉紧正时齿形带的右边，然后将正时齿形带从右往左慢慢地套入凸轮轴正时带，如图 7-2-63 所示。

图 7-2-63　装入正时齿形带

图 7-2-64　安装张紧轮

④ 安装张紧轮，选用 φ12 mm 丁形扳手拧紧张紧轮紧固螺栓，如图 7-2-64 所示。

(4) 安装正时齿带外防护罩。

安装防护罩，选用 φ8 mm 套筒、棘轮扳手配合拧紧 6 颗防护罩螺栓。

(5) 安装皮带轮。

① 套上皮带轮。

② 选用 φ17 mm 套筒、定力扳手配合拧紧曲轴皮带轮紧固螺栓，如图 7-2-65、图 7-2-66 所示。

2) 安装水泵皮带轮

装上水泵皮带轮，用 φ10 mm 套筒、棘轮扳手拧紧 4 颗螺栓，如图 7-2-67 所示。

3) 安装汽缸盖罩

盖上汽缸盖罩，用 φ10 mm 丁形扳手拧紧 4 颗螺栓。安装进、排气歧管。

(1) 安装排气歧管。

图 7-2-65　安装螺栓

图 7-2-66　拧紧螺栓

图 7-2-67　拧紧螺栓

① 翻转机体，使排气歧管侧在上，如图 7-2-68 所示。

图 7-2-68　排气歧管侧向上

图 7-2-69　装排气歧管

② 装上排气歧管，如图 7-2-69 所示。

③ 用 $\varphi 12$ mm 套筒、棘轮扳手，按交叉顺序拧紧排气歧管固定螺栓。

(2) 安装进气歧管。

① 翻转机体，使进气歧管侧在上，如图 7-2-70 所示。

② 装上进气歧管，如图 7-2-71 所示。

图 7-2-70　进气歧管侧向上

图 7-2-71　装进气歧管

③ 用 φ12 mm 套筒、棘轮扳手，按交叉顺序拧紧进气歧管固定螺栓。

4）安装喷油器及燃油分配管

(1) 装上燃油分配管及喷油器，如图 7-2-72 所示。

(2) 用 φ12 mm 套筒、棘轮扳手拧紧燃油分配管两颗固定螺栓。

5）安装发电机

(1) 装上发电机，拧紧发电机固定螺母，如图 7-2-73 所示。

(2) 调节发电机皮带松紧度，用 φ14 mm 套筒、接杆、棘轮扳手拧紧发电机皮带调整螺母，如图 7-2-74 所示。

图 7-2-72　装燃油分配管

图 7-2-73　装发电机

图 7-2-74　调节发电机皮带

【任务检查】

1. 简述发动机安装前要做哪些准备。
2. 发动机的安装有哪些注意事项？

【任务评估】

学习内容	评价标准			
	了解	掌握	可指导操作	可独立操作
发动机的安装				

附 表

1. 五菱汽车发动机紧固件拧紧力矩表

附表 1-1 紧固件拧紧力矩表

名 称	拧紧力矩/N·m	
	462Q，465Q	376QB
汽缸盖螺栓	55～60	59～69
进、排气歧管螺母	18～23	10～16
火花塞	20～28	20～29
从动同步齿轮螺栓	55～60	29～44
气门调整螺母	18～20	15～20
主动同步齿轮螺栓	55～60	49～59
连杆轴承盖螺母	28～32	29～39
曲轴轴承盖螺栓	43～48	59～64
飞轮螺栓	40～45	49～59
油底壳螺钉	4～5	4～7
放油螺塞	30～35	34～44
缸盖罩螺钉	6～8	10～15
同步齿型带罩盖螺钉	4～5	2～4
机油泵固定螺钉	9～12	15～22
油压传感器	12～15	
机油滤清器	12～16	10～13
机滤接管嘴连接螺栓	20～25	
后悬架托架固定螺栓	18～23	
油泵安全阀弹簧座	15～20	
汽油机托架(左右)固定螺栓	18～23	40～50
减振垫座安装螺栓	35～40	40～50
张紧轮支架螺栓和螺套	18～23	29～44

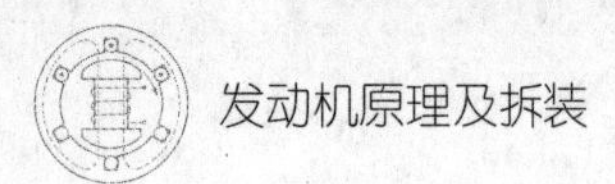

2. 五菱汽车发动机检查修理数据表

附表 1-2　发动机检查修理数据表

<table>
<tr><th colspan="3">项　目</th><th>标准/mm</th><th>使用极限/mm</th></tr>
<tr><td colspan="3">点火定时(点火提前角)</td><td>上止点前 8°(900 r/min)</td><td></td></tr>
<tr><td colspan="3">气门间隙(进、排气)</td><td>0.13～0.18(冷态)
0.23～0.28(热态)</td><td></td></tr>
<tr><td rowspan="2">汽缸盖</td><td colspan="2">下平面平面度允许差值</td><td>0.03</td><td>0.05</td></tr>
<tr><td colspan="2">进、排气歧管平面度允许差值</td><td>0.05</td><td>0.1</td></tr>
<tr><td colspan="3">气门和气门座接触宽度(进、排气)</td><td>1.3～1.5(45°)</td><td></td></tr>
<tr><td colspan="3">气门大头厚度</td><td>0.8～1.2(进、排气)</td><td>0.6(进气)
0.7(排气)</td></tr>
<tr><td rowspan="3">气门弹簧</td><td colspan="2">自由高度</td><td>47.7～49.5</td><td>46.5</td></tr>
<tr><td colspan="2">预负荷</td><td>231.28 N～270.84 N</td><td>211.68 N</td></tr>
<tr><td colspan="2">垂直度允许差值</td><td></td><td>2</td></tr>
<tr><td rowspan="3">气体缸</td><td colspan="2">上表面平面度允许差值</td><td>0.05</td><td>0.05</td></tr>
<tr><td colspan="2">汽缸与活塞间隙</td><td>0.025～0.045(分组选配)</td><td>0.06</td></tr>
<tr><td colspan="2">汽缸直径</td><td>62.0～62.04</td><td></td></tr>
<tr><td rowspan="3">活塞</td><td colspan="2">活塞直径(修理用可加大 0.5)</td><td>61.95～61.99</td><td></td></tr>
<tr><td colspan="2">油环槽宽</td><td>2.81～2.83</td><td></td></tr>
<tr><td colspan="2">连杆小端孔径与活塞销直径间隙</td><td>0.003～0.018</td><td>0.05</td></tr>
<tr><td rowspan="4">活塞环</td><td rowspan="2">环在槽内侧隙</td><td>第一环</td><td>0.03～0.07</td><td>0.12</td></tr>
<tr><td>第二环</td><td>0.02～0.06</td><td>0.10</td></tr>
<tr><td rowspan="2">活塞环开口隙</td><td>第一环</td><td>0.15～0.30</td><td>0.7</td></tr>
<tr><td>第二环</td><td>0.2～0.7</td><td>1.8</td></tr>
<tr><td rowspan="2">连杆</td><td colspan="2">弯曲</td><td></td><td>0.05</td></tr>
<tr><td colspan="2">扭曲</td><td></td><td>100∶0.10</td></tr>
<tr><td rowspan="5">曲轴</td><td colspan="2">径向跳动(弯曲)</td><td></td><td>0.06</td></tr>
<tr><td colspan="2">连杆大端轴瓦孔径与连杆轴颈间隙</td><td>0.026～0.046</td><td>0.08</td></tr>
<tr><td colspan="2">主轴瓦孔径与主轴颈间隙</td><td>0.026～0.046</td><td>0.08</td></tr>
<tr><td colspan="2">曲轴止推间隙</td><td>0.13～0.28</td><td>0.4</td></tr>
<tr><td colspan="2">连杆大端轴向间隙</td><td>0.1～0.2</td><td>0.7</td></tr>
<tr><td rowspan="2">凸轮轴</td><td colspan="2">凸轮的 H 值(磨损)</td><td>36.152±0.04</td><td>36.1</td></tr>
<tr><td colspan="2">凸轮轴孔径与凸轮轴颈间隙</td><td>0.05～0.091</td><td>0.15</td></tr>
</table>

（续表）

项　目		标准/mm	使用极限/mm
凸轮轴	轴向止推间隙	0.05～0.15	0.30
	径向跳动（弯曲）		0.10
摇臂轴	径向跳动（弯曲）		0.06
	摇臂孔径与摇臂轴颈间隙	0.005～0.04	0.095
飞轮端面跳动（在发动机总成上测量）			0.2

参 考 文 献

[1] 曲建.汽车发动机拆装实训[M].北京.机械工业出版社,2010.
[2] 刘婷婷.汽车发动机拆装[M].成都.西南交通大学出版社,2014.
[3] 武吉俊,胡勇.汽车发动机拆装与检修[M].北京.科学出版社,2013.
[4] 王清忠,李红军.汽车发动机拆装工艺[M].北京.中国铁道出版社,2014.